MARKETING PARA OS 45+

Actual Editora
Conjuntura Actual Editora, S.A.
Rua Luciano Cordeiro, n.º 123 - 1.º Esq.
1069-157 Lisboa
Portugal

Tel.: (+351) 21 3190243
Fax: (+351) 21 3190249

www.actualeditora.com

Copyright: © Ana Sepúlveda e Luís Rasquilha

Edição: Actual Editora – Junho 2011
Todos os direitos para a publicação desta obra reservados por Conjuntura Actual Editora, S.A.

Revisão: Alice Coelho
Design da capa: FBA
Paginação: MJA
Impressão: Papelmunde

Depósito legal: 329896/11

Biblioteca Nacional de Portugal – Catalogação na Publicação

SEPÚLVEDA, Ana, e outro

Marketing para os 45+ : um mercado em expansão / Ana Sepúlveda, Luís Rasquilha

I – RASQUILHA, Luís, 1973-

ISBN: 978-989-694-019-5

CDU 658

Nenhuma parte deste livro pode ser utilizada ou reproduzida, no todo ou em parte, por qualquer processo mecânico, fotográfico, electrónico ou de gravação, ou qualquer outra forma copiada, para uso público ou privado (além do uso legal como breve citação em artigos e críticas) sem autorização prévia, por escrito, da Actual Editora.

Este livro não pode ser emprestado, revendido, alugado ou estar disponível em qualquer forma comercial que não seja o seu actual formato sem o consentimento da editora.

Vendas especiais:
Os livros da Actual Editora estão disponíveis com desconto para compras de maior volume por parte de empresas, associações, universidades e outras entidades interessadas. Edições especiais, incluindo capa personalizada, podem ser-nos encomendadas. Para mais informações, entre em contacto connosco.

Ana Sepúlveda
Luís Rasquilha

MARKETING PARA OS 45+
Um mercado em expansão

ACTUAL

Nota dos Autores

Num momento em que o mercado nacional está a despertar para o potencial do segmento adulto e sénior, decidimos lançar o primeiro livro português sobre o tema dos consumidores com 45 anos de idade ou mais, numa perspectiva que permitirá aos leitores encontrarem linhas de orientação de como fazer negócio com este vasto segmento de consumidores.

O conteúdo da obra visa permitir que quem lê fique com uma visão 360º sobre este segmento, as suas particularidades, os subgrupos que surgem e como abordá-los em termos de marketing, numa lógica de ganho para marcas e consumidores.

Assim sendo, eis um livro que:

1. Foca tanto os chamados «adultos maduros» (com 45 ou mais anos) e os seniores (a partir dos 70 anos);

2. Procura diagnosticar o que se passa com este vasto grupo de pessoas e inseri-las no contexto actual das macro tendências mundiais, bem como nas tendências de comportamento do consumidor;

3. Faz uma análise de como as marcas e os *marketeers* têm trabalhado este segmento de mercado, para além de indicar linhas de acção claras, com vista a potenciar melhores resultados.

A publicidade normalmente é feita para outro segmento que não esse (sénior), e acho que as marcas deviam tê-lo em conta, até porque Portugal tem uma população com mais de 50 anos muito grande.

SIMONE DE OLIVEIRA, em entrevista à Ayr Consulting

Agradecimentos

Tratar um tema como este, relativamente novo no mercado português – embora a nível internacional, político e académico já venha a ser estudado há mais tempo –, exigiria sempre encontrar uma forma de sentir o pulso à comunidade dos *marketeers* nacionais.

Assim, para além de todo o trabalho de investigação, de todo o *know-how* acumulado, há que agradecer aos que contribuíram ativamente, com depoimentos, entrevistas, conversas, mais ou menos formais, ou mesmo com a partilha de material de reflexão, que permitiram chegar ao livro que agora tem em mãos.

A toda a equipa da Ayr Consulting (*): ao Eduardo Garcia, um grande profissional e publicitário com quem partilhámos muitas das ideias aqui expostas; aos que colaboraram, no âmbito da Ayr Consulting, na recolha e análise de informação durante os seus estágios. Ao Carl Rhode e à equipa da Science of the Time, grande fonte de informação e de análise das tendências aqui apresentadas.

(*) A Ayr Consulting, onde colaboram os dois autores, é uma empresa de inovação com base nas tendências de comportamento do consumidor, tendências essas identificadas e analisadas pela equipa da Science of the Time. (*N. do E.*)

Em seguida, aos «vizinhos» da Ayr Consulting, à Kinoko Communications, em particular à Paula Correia e ao Filipe Lourenço. Aqueles que contribuíram com as suas opiniões e visões do marketing, da psicologia, psiquiatria e neuropsicologia, da demografia e áreas relacionadas com o tema deste livro: Professora Alexandra Mendes, Ana Sá Leal, da Associação Portuguesa de Seguradores, António Bob dos Santos, assessor do secretário de estado da Inovação, António Gomes, presidente da APODEMO, Dulce Mota, da RUTIS, Professor Fernando Ribeiro Mendes, do ISEG, Filomena Conceição, do Alegro/Auchan, Gilberto Martins, da Seaside, o neuropsicólogo e psiquiatra Henrique Barreto, José Borralho, da Tryp Network, Professor José Tribolet, do INESC, Manuela Botelho, da APAN, Margarida Pedroso Ferreira, consultora de marketing, Miguel Rocha Martins, psiquiatra, Paula Duarte, da Nestlé, Patrícia Lopes, da Hipereventos, Professor Pedro Alcântara, do Instituto do Envelhecimento, Professora Rita Almendra, da Faculdade de Arquitetura de Lisboa, Professora Sónia Ribeiro, da Universidade Católica de Lisboa, Professora Stella António, do ISCSP, sem esquecer, é claro, a fantástica dupla (pai e filha): Professor Madeira Correia e Rosário Correia, da ESCS.

Prefácio

Durante décadas, o Marketing centrou-se no chamado segmento 25-45 (quando não era 25-35). Este dogma fez com que empresas, profissionais e diversas entidades ligadas às marcas desenvolvessem as suas estratégias de marketing e os seus planos de comunicação dirigidos a um único segmento-alvo, identificado pela faixa etária, no pressuposto de serem consumidores ativos. É hoje claro e assumido que o segmento 25-45 é dos mais saturados em termos de abordagens e que é o que menos disponibilidade de tempo e de dinheiro tem para responder ao que as marcas propõem de forma constante.

Segmentos mais jovens e segmentos mais adultos são hoje o foco das empresas. Os primeiros pela sua elevada capacidade experimentalista, ainda que nada fidelizados, os segundos por serem quem tem tempo e dinheiro. Este livro foca o segundo segmento. Genericamente designados por *seniores* ou *50+*, este segmento da população é hoje, mundialmente, aquele com maior poder aquisitivo, com maior disponibilidade de tempo e com maior vontade de ser tido em conta pelas marcas.

Na rede Science of the Time, o estudo das tendências relacionadas com este segmento assume uma elevada importância. Como a maior, mais antiga, abrangente e prestigiada empresa de *CoolHunting* do mundo, a atuar em 32 países, com 6000 observadores e uma rede de 500 consultores de *TrendsInnovation*, este segmento é alvo de observação e análise há mais de dez anos, tendo já acumulado grande experiência em trabalhar com este público. Só agora ele se tornou importante nas estratégias das empresas, ainda que de forma embrionária. Espero que este livro ajude a que esse estado embrionário evolua rapidamente para estádios mais avançados e desenvolvidos nas empresas.

Professor CARL C. ROHDE
Fundador e CEO da Science of the Time, The Science of Cool
www.scienceofthetime.com

A segunda parte da vida começou. E é tão entusiasmante como o início da segunda parte de um jogo de futebol.

Introdução

Este livro tem como objectivo principal sensibilizar todos os agentes económicos e sociais para a importância do segmento populacional 45+ e que atualmente representa 50% da população portuguesa, mas muito em particular gestores e *marketeers*.

O peso social e económico da demografia irá sentir-se, cada vez mais, nos diversos quadrantes da nossa sociedade; contudo, aqui interessa focar mais os aspectos relacionados com estes consumidores e com o marketing das marcas.

O momento é de preparar o futuro, olhar para a realidade, perceber o caminho das mudanças, mesmo tendo em conta a rapidez com que ocorrem, a volatilidade do comportamento das pessoas, do seu consumo e dos negócios.

Daí que sensibilizar para o peso da demografia no consumo e no marketing seja urgente, para o bem e felicidade de todos: das pessoas, que suprem as suas necessidades, e das marcas, que olham com verdade para o segmento 45+ e identificam as suas oportunidade de negócio.

Embora neste momento da realidade portuguesa os gestores procurem não arriscar, sendo o mais pragmáticos possível, é um facto que hoje já é possível fazer negócio com as pessoas que englobam o segmento 45+. É uma questão de espaço e abertura para experimentar, investigar e arriscar, mas com os graus possíveis de segurança.

Este livro é fruto de um longo trabalho de investigação, que teve início em Outubro de 2009 e que envolveu tanto a auscultação dos próprios consumidores como a de *marketeers* e marcas, para além dos contributos de psicólogos, psiquiatras, neuropsicólogos e professores no âmbito da sociologia, demografia e do envelhecimento.

Estivemos presentes na feira destinada ao segmento 50+ promovida pela Hipereventos, que representou o primeiro trabalho de campo para tomar o pulso a marcas e consumidores.

Foi a primeira vez em Portugal que se realizou uma feira de serviços e produtos destinados ao segmento 50+ e (fruto de uma parceria estabelecida entre a Ayr Consulting e a Hipereventos) aproveitámos esta oportunidade para, com uma equipa permanente de cinco observadores,

- Entrevistar e filmar, segundo procedimentos técnicos de observação etnográfica, um conjunto de visitantes, de forma a obter a sua opinião sobre a feira, bem como a sua visão sobre o que é ser «sénior», como se sentem em relação ao marketing e à comunicação das marcas. O quadro abaixo resume a composição das 39 entrevistas feitas ao longo dos três dias, cada qual com uma duração média de 30 minutos.

Género	Grupos Etários				Total
	30-40	41-50	51-60	60 +	
Mulher	5	0	9	14	28
Homem	0	1	4	6	11
Total	5	1	13	20	39

- Entrevistar os expositores com o objectivo de recolher as suas opiniões face à feira e à interação que tiveram com os visitantes;
- Observar o comportamento em geral dos visitantes e dos expositores;
- Assistir a todas as conferências e recolher os temas de debate em cada uma delas;
- Para além do acima referido, fez-se uma análise de conteúdo a todo o material de *clipping* – pré e pós-evento – enviado pela Hipereventos, de forma a estudar a receptividade e a profundidade do espaço dado pelos meios de comunicação social ao evento e ao tema dos seniores.

Tendo como objectivo perceber quais são as oportunidades que este mercado representa para as marcas, fez-se a análise da realidade nacional através do material obtido, análise essa que veio confirmar a nossa visão do mercado.

Foi também base para este trabalho a realização de um conjunto de 15 entrevistas feitas a diversos profissionais na área da saúde, moda, estética, nutrição e outra série de 10 entrevistas informais a consumidores com idades entre os 45 e os 70 anos. O âmbito destes questionários era compreender questões ligadas às tendências sobre saúde e bem-estar, auto-estima, sexualidade e beleza. Isto porque uma das macro tendências mundiais que mais se irá aplicar ao segmento 45+ é a da saúde e longevidade, onde os temas acima referidos estão enquadrados.

Ao mesmo tempo, estivemos presentes numa série de colóquios e seminários, o que permitiu perceber o tipo de questões que estão a ser discutidas no meio académico e político no que concerne ao envelhecimento da população e à forma como importantes agentes sociais estão a olhar para estes cidadãos. Foi muito interessante notar que, no geral, o marketing, os *marketeers* e as marcas estiveram sempre ausentes destes debates.

Todo o trabalho de campo e de *desk research* foi desenvolvido para que fosse possível ter uma visão ampla do fenómeno do envelhecimento da população e o que isto acarreta para o negócio das marcas e para o marketing, tendo sempre em mente que o mais importante, nesta altura, é demonstrar que há um leque muito vasto e heterogéneo de consumidores à espera que olhem para eles e que satisfaçam as suas motivações e necessidades, como até hoje se tem procurado fazer com o resto dos consumidores.

Sabendo que o envelhecimento da população é uma tendência mundial, este livro começa exatamente por focar os temas das grandes tendências e a importância da inovação. Em seguida, centra-se no indivíduo, segmentando o grupo 45+ em conjuntos de menor dimensão, para que se torne mais claro e acessível perceber o que vai ocorrendo com estas pessoas e de que forma encaram o consumo e o marketing das marcas. Por fim, e dado que o livro tem uma vertente muito prática, ficam algumas linhas fundamentais de orientação para quem deseje incluir os 45+ no seu conjunto de consumidores, sem que isso implique a perda dos outros segmentos.

I
TENDÊNCIAS E INOVAÇÃO

TENDÊNCIAS:

As tendências são fruto da mudança da sociedade ao longo do seu processo de evolução e da alteração de comportamentos e de mentalidades. Têm um começo algo tímido, mas ao longo do tempo, conforme os indivíduos vão aderindo a esses comportamentos e/ou mentalidades, elas tornam-se socialmente mais visíveis, até se massificarem.

Para além da sua prolongada duração no tempo, uma tendência tem um impacto na sociedade de tal forma significativo que altera formas de agir e pensar. Daí ser tão importante estar-se constantemente a observar a sociedade, os movimentos emergentes e todos os fatores passíveis de tornarem um fenómeno numa tendência.

Uma tendência é, assim, um **PROCESSO DE MUDANÇA** que resulta da observação do comportamento dos consumidores e que origina a criação e o desenvolvimento de novas ideias: de negócio, de produto ou de serviço, de marca ou de acção. É um processo de mudança comportamental que está assente em mentalidades emergentes e que é suportada, depois, em interpretações passíveis de gerar *insights*, por sua vez capazes de serem convertidos em negócios. *Insight* é tudo o que, do ponto de vista do Consumidor, traz uma nova e relevante forma de ver, criar, produzir e vender uma Empresa, Marca, Produto ou Serviço.

Definimos geralmente a observação de Tendências como a procura do *Cool*. E por *Cool* definimos tudo o que é:

Apleativo/Atraente | Inspirador | Com Potencial de Crescimento

Por *Cool* entende-se a mentalidade emergente e dominante e não o *gadget*, o produto ou o serviço, a campanha ou a marca que lhe dá forma. Isto porque as mentalidades emergentes, as Tendências, podem tornar-se tangíveis de diferentes formas.

No entanto, a componente sociológica assume particular destaque na detecção e na definição de tendências, pois assenta na Sociologia do Consumo e na observação e análise constantes do comportamento dos consumidores.

Ao integrar a análise das tendências na análise do mercado e do negócio, as marcas têm, necessariamente de centrar o olhar nas pessoas: centrar o olhar no consumidor, no que está a fazer, nas suas motivações e atitudes, na forma como reage ao contexto social.

Isto obriga as marcas a compreenderem o consumidor e a focarem o negócio no essencial. Quem gera dinheiro não é a concorrência, ou o mercado no qual uma marca está inserida, mas sim quem a compra e quem consome os produtos e serviços por ela produzidos.

Este direcionar da atenção para as pessoas leva a marca a observar e analisar quais as necessidades dos seus consumidores, ao mesmo tempo que lhe permite perceber quem são os seus potenciais consumidores: pessoas que não estão dentro da definição de público-alvo, mas que partilham, com os actuais consumidores, as mesmas necessidades, independentemente da idade, género ou mesmo classe social.

É aqui que se centra o princípio do «ageless marketing», onde o importante é olhar para o mundo de consumidores segundo o seu estádio de vida, de necessidades, segundo as suas motivações e atitudes e não com base nas suas idades. Dito de outra forma, o princípio do «ageless marketing» está em deslocar o olhar do fator etário para os fatores comportamentais.

No actual contexto de crise, os consumidores mudaram a forma como veem o consumo; genericamente falando, alteram a ordem de importância das categorias, das marcas, e mesmo das insígnias. Tudo isto afecta a rentabilidade do negócio. É importante ter em conta que o motor da sociedade está no consumo e que este se define pelo *comportamento* das pessoas face ao que compram.

Ao longo do livro trataremos essencialmente de dois níveis de tendências: as tendências mundiais e as tendências de comportamento do consumidor. Em qualquer uma delas, a ênfase está sempre na capacidade de chegar às pessoas com 45 anos ou mais, nos seus diversos subsegmentos motivacionais, muito embora não sejam tendências que afectem exclusivamente este segmento de consumidores.

Principais Tendências mundiais: São sete grandes tendências, sendo que algumas delas são consequência da primeira.

1. Envelhecimento da população, principalmente na Europa:

Os dados do Instituto Nacional de Estatística (INE) indicam que entre 2008 e 2060 o número de pessoas com mais de 65 anos em Portugal irá quadruplicar, e já nos próximos anos assistiremos a um acentuado crescimento do segmento 45+, sendo que hoje em dia já representam 40% da nossa população.

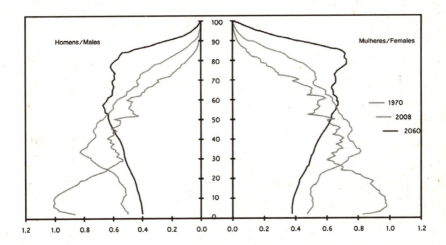

Pirâmide Etária da População Residente em Portugal, 1970, 2008 e 2060
Fonte: INE – Censos 1970: Estimativas 2008 e Projecções 2060
Distribuição percentual da população por grupos etários – cenário central, 1980-2060
Fonte: INE – Projecções de População residente em Portugal – 2008-2060, Março 2009

O fraco número de nascimentos, o aumento do número de casais que opta por não ter filhos ou por ter filhos únicos, o crescimento da mortalidade juvenil (embora a percentagem seja muito baixa) e o aumento da esperança média de vida fazem com que não haja uma renovação da camada intermédia, que corresponde aos jovens, e que vá progressivamente aumentando a fatia de pessoas adultas e seniores.

O peso da demografia irá sentir-se em todas as áreas da sociedade e não tem, necessariamente, de ser apenas um aspecto de preocupação, devendo ser igualmente encarado como uma nova oportunidade de negócio para as marcas. As pessoas vivem mais tempo, querem viver melhor e continuarão a consumir.

2. A feminização da sociedade:

Tradicionalmente as mulheres têm uma esperança média de vida superior à dos homens. Isto deveu-se, até hoje, ao estilo de vida masculino, muito mais centrado no trabalho e na carreira, mais sujeito ao *stress* e a doenças relacionadas com a pressão do dia-a-dia, diferente do estilo de vida das mulheres, que, até há algumas décadas, gravitava em torno da família e do lar.

Mesmo com a entrada em força das mulheres no mercado de trabalho, com a valorização da mulher executiva e o aumento do número de AVC em mulheres com 40 e poucos anos de idade, o facto é que as mulheres continuam a viver até mais tarde que os homens.

Face a este cenário, Portugal terá mais mulheres com idades superiores a 65 anos a viver em suas casas, muitas vezes sozinhas, o que abre oportunidades para serviços de acompanhamento domiciliário nas suas mais diversas vertentes e não exclusivamente funcionais, como se tem vindo a verificar.

Toda a relação da mulher com a família, consigo própria, com a sua auto-estima, com o seu corpo e com a sua beleza será cada vez mais importante, o que abre portas à indústria da longevidade, estética e afins.

É de referir que as mulheres que hoje têm entre 45 e 55 anos estão a descobrir uma nova etapa nas suas vidas e que são mais tecnológicas do que as suas mães, mais informadas, mais autocentradas, muitas vezes solteiras, divorciadas ou a refazer as suas vidas afectivas. As motivações e necessidades destas mulheres maduras são distintas das mulheres de 50 anos há uma década. Esta realidade social reforça a importância da mulher como compradora e consumidora.

Contudo, ao se tratar de uma mulher mais velha, muito provavelmente as suas necessidades, as suas motivações e os seus hábitos de consumo e de relação com as marcas e o marketing serão distintos daqueles já conhecidos para a mulher até aos 40 anos, que habitualmente corresponde ao limite etário em que as marcas costumam investir no que concerne a estudos de mercado.

3. **Valorização da sexualidade:**

A sexualidade tem vindo a ser, cada vez mais, um tema apelativo para os jovens e utilizado com frequência pela publicidade, principalmente em certas categorias. Nos próximos anos, assistir-se-á à valorização da sexualidade dentro do grupo etário mais velho.

O aparecimento do Viagra foi o primeiro sinal visível desta tendência e a indústria farmacêutica continuará a apostar em formas de garantir a todos uma vida sexualmente ativa, plena e gratificante por mais anos.

A longevidade e a noção de que, embora se tenha 70 ou 80 anos se continua socialmente ativo – já não sendo raros os casos de pessoas que refazem a sua vida amorosa depois da viuvez –, leva à necessidade de complementos ou medicamentos que ajudem estas pessoas a tirar maior prazer da sexualidade.

Se até hoje a sexualidade depois dos 60 era um tema tabu, terá obrigatoriamente de deixar de o ser. A questão que se coloca, principalmente para os profissionais do marketing, é perceber como lidar com ele, dado que, apesar de tudo, continua a ser um tema profundamente íntimo.

4. Longevidade:

A valorização do manter-se jovem não é nada de novo, é uma ideia cada vez mais forte em praticamente todas as sociedades, sejam elas ocidentais ou orientais. Se olharmos para a história da humanidade, muitos são os episódios em que o ser humano tentou encontrar fórmulas mágicas que impedissem a morte e a deterioração do corpo, ou mesmo o processo natural de envelhecimento.

A busca pela longevidade tem ditado o sucesso da indústria da estética e da dermo-cosmética, para não falar nas indústrias relacionadas com o universo do bem-estar e da auto-estima.

Com o aumento da esperança de vida, uma pessoa aos 40 anos pode perfeitamente estimar que está na metade da sua vida, pois viverá até aos 80. Mas a mudança de mentalidade dá-se na relação com a forma como quer estar quando for mais velha.

A atual geração de idosos, principalmente das classes média e média-baixa, caracteriza-se, grosso modo, por um fraco cuidado com o corpo, com uma visão quase fatalista das doenças, por uma quase inexistente prática de atividade física, fatores que contribuem seriamente para uma fraca qualidade de vida.

Nos próximos anos, à medida que os atuais quadragenários vão ficando mais velhos, a sociedade portuguesa vai passar por uma revolução de mentalidades. Primeiro, porque esta geração – sejam as mulheres, sejam os homens – já se preocupa em estar bem, em sentir-se bem no seu corpo, em encontrar estilos de vida alternativos que permitam contornar o lado negativo do sedentarismo. Segundo, porque as futuras gerações de 45 anos, os atuais jovens adultos, já estão a crescer com uma visão mais positiva da saúde e do seu corpo. No Brasil e nos Estados Unidos assiste-se à realização de cirurgias estéticas, mais ou menos radicais, em pessoas com idades entre os 30 e os 40 anos, e o mesmo já se constata em Portugal.

A indústria farmacêutica já coloca à disposição terapias hormonais – no caso da menopausa ou da andropausa – que visam repor no organismo as principais hormonas responsáveis por algumas das consequências do envelhecimento. Já para não falar no crescimento dos suplementos alimentares, com as mais diversas funções, que atuam de forma preventiva, seja no reforço da cartilagem, seja no combate à oxidação das células, entre outros variadíssimos aspectos.

A título de exemplo, é interessante analisar um trabalho desenvolvido a nível mundial sobre as populações que têm maior longevidade. A empresa Blue Zones, chefiada por Dan Buethner, levou a cabo um projecto de investigação que uniu a sua equipa de cientistas a outra da National Geographic para identificar os fatores que definem a maior longevidade de uma pessoa, o peso de cada um dos fatores identificado e, por fim, quais as zonas do planeta onde as pessoas vivem até mais tarde.

Em www.bluezones.com está a descrição do projeto, com a apresentação dos resultados, para além de um vasto conjunto de conteúdos que permitem ao utilizador perceber até que ponto está a tirar o melhor partido dos seus potenciais de longevidade.

5. Saúde preventiva:

Profundamente relacionada com a questão da longevidade, embora sejam tendências distintas, está a mudança da visão do conceito de saúde.

Como foi referido, não faz muito tempo a saúde era vista na perspectiva da doença. Tenho alguma doença = não sou saudável; não tenho doenças = sou saudável (embora nada faça para evitar ter qualquer tipo de doença).

Esta ideia de ter poder para evitar a doença é relativamente recente. É uma tendência que irá acentuar-se nas próximas décadas, complexificando as suas ramificações, pois o próprio conceito de saúde será cada vez mais amplo, chegando a tocar as questões da longevidade, pois quanto mais saudável for uma pessoa, mais vive.

No entanto, é preciso adotar um conjunto de atitudes, estar motivado e ter como necessidade o investimento em saúde. Quando se trata do segmento 45+, a sua profunda heterogeneidade, em termos de estilos de vida, atitudes e motivações, vai obrigar as marcas a apostarem no conhecimento destas pessoas, na compreensão destes estilos de vida e, por fim, na forma como elas consomem categorias, marcas, produtos e serviços.

Num cenário de crise, em que os primeiros orçamentos a serem cortados são os de marketing, e os de estudos de mercado em particular, as organizações que desejem tirar proveito desta tendência terão de rever as suas estratégias de gestão e de relação com os consumidores de modo a trazerem para dentro da organização este conhecimento, digeri-lo e em seguida convertê-lo em negócio rentável.

6. Alimentação saudável *vs* alimentação por prazer:

Outra tendência que está a ter cada vez mais impacto na forma como as pessoas definem os seus valores e estilos de vida é a da alimentação.

Sem querer entrar em questões de sustentabilidade – sabendo que há uma procura crescente por produtos locais devido ao impacto que o transporte dos bens alimentares tem na natureza –, centremo-nos na dicotomia que iremos viver no que respeita à nossa alimentação: o contraste entre a saúde e a alimentação equilibrada e a alimentação cujo foco é o prazer, que tipicamente é menos saudável e mais prejudicial à saúde.

Uma vez mais, a preocupação com a saúde, a maior sensibilidade para a obesidade (infantil ou na população mais idosa), bem como a crescente valorização de produtos mais saudáveis e biológicos, tem vindo a tornar-nos mais sensíveis para a importância de ter uma alimentação saudável e equilibrada. Comer melhor implica viver mais e melhor, porque há um impacto direto da alimentação na saúde, hoje e no futuro.

Esta corrente da alimentação saudável encontra uma força de oposição, que é a da alimentação por prazer. Muito estimulada pelas feiras gastronómicas, feiras do vinho, dos enchidos, do queijo, e por aí fora, trata-se de um outro mundo da alimentação, que continuará a existir. Prova disso é o relativo crescimento das lojas *gourmet*, onde o consumidor é deliciosamente estimulado a desenvolver a sua criatividade na cozinha, ou mesmo a disseminação dos cursos de culinária. A partir de um momento no desenvolvimento das sociedades humanas, o prazer passou a estar associado ao ato de comer, à alimentação e ao convívio. A revalorização da casa como local de convívio com amigos vai reforçar este mundo da criatividade e da gastronomia, acentuando o contraponto entre alimentação saudável e alimentação por prazer.

A opção por uma alimentação saudável deverá conjugar-se, no mesmo indivíduo, com a alimentação por prazer. Serão os momentos lúdicos, o prazer pela cozinha, a própria relação com a comida, já para não falar em questões de doença, que irão marcar as opções por um ou outro estilo de alimentação.

7. Conectividade a generalização da tecnologia:

Dizer que a tecnologia faz cada vez mais parte da nossa vida é trivial. Dizer que uma porção significativa das pessoas ativas no Facebook ou noutras redes sociais têm mais de 50 anos já não é assim tão trivial, pois vigora a ideia de que este é um mundo onde os jovens predominam (ideia que não é de todo falsa).

Nos primórdios da massificação da internet e dos telemóveis, quem tinha mais de 60 anos era visto como info-excluído. Acreditava-se que a entrada destas pessoas no mundo da conexão e da tecnologia seria feita de forma muito lenta, porque quem o afirmava tinha em mente as suas próprias dificuldades de interação com a tecnologia.

Ao longo das décadas, o que se verificou foi uma simplificação desta tecnologia, ao mesmo tempo que houve uma convergência. Tudo isto tornou a tecnologia num bem essencial, fazendo cada vez mais parte da vida de qualquer um de nós.

Esta simplificação e convergência vieram para ficar, principalmente num contexto em que os atuais 45-55 já lidam diariamente com a tecnologia, em que as gerações mais novas já nasceram com ela e as mais velhas estão progressivamente a adotá-la como forma de continuarem socialmente ativas e integradas.

Tudo isto para não falar nos mais diversos serviços que surgem quase diariamente e que têm por objectivo utilizar a tecnologia como plataforma de combate ao isolamento social e à exclusão.

Quando se pensa em tecnologia para a atual geração sénior é preciso pensar na tecnologia como mero veículo de um serviço, pois a adesão destas pessoas será tanto mais fácil e estimulante quanto mais o serviço que é suportado pela tecnologia fizer sentido para os seus utilizadores.

É igualmente importante pensar que não são só os serviços de cariz funcional que se adaptam à tecnologia quando o público-alvo são os seniores. Serviços e produtos tecnológicos que fomentem o lado lúdico das suas vidas são absolutamente bem-vindos. Talvez este seja o próximo passo que a indústria das consolas interativas deverá dar, desenvolvendo outro tipo de jogos, aliciantes para os mais velhos.

Um exemplo interessante foi um torneio inter-geracional de Wii organizado pela Câmara Municipal de Odivelas. Com o total apoio da Nintendo, o primeiro Torneio Municipal Sénior Wii reuniu equipas de crianças, jovens e avós. O objectivo era, por um lado, contribuir para a maior integração da geração sénior na sociedade e, por outro, estimular esta relação (crianças, jovens e seniores) com algo diferente das atividades lúdicas tradicionalmente associadas aos mais velhos.

A aposta da Nintendo neste tipo de eventos é clara: mostrar a uma geração que tradicionalmente não compraria a sua plataforma as potencialidades de uma Wii tanto em termos de jogos como em termos de utilização, já que é uma ferramenta de entretenimento familiar.

TENDÊNCIAS DE COMPORTAMENTO DO CONSUMIDOR:

Falar das tendências de comportamento do consumidor sem referir o atual contexto económico é impossível. A crise veio afectar de forma marcante a mentalidade das pessoas e a maneira como elas interagem com a sociedade, como se veem nos momentos de consumo e por consequência, o que compram, as razões por que o fazem e os contextos de consumo. No entanto, há tendências de consumo que se consolidaram apesar do contexto de crise.

Antes de focar as tendências identificadas pela Science of the Time, com destaque para o segmento 45+, é necessária a referência a quatro tendências que são fruto do contexto de crise e que deverão manter-se, mesmo no dia em que a dita crise passar.

A primeira é o neofrugalismo, um conceito popularizado por David Rosenberg, autor de *O Futuro Frugal*. Rosenberg é economista da Merrill Lynch e tornou-se num dos teóricos do neofrugalismo, tendência de comportamento que começou a ser observada por especialistas americanos em marketing e consumo no final de 2007.

No seu documento, Rosenberg define o neofrugalismo como uma nova mentalidade do consumidor que o faz ser mais racional no momento da compra, valorizando o preço, muitas vezes em detrimento da marca ou do local de compra.

Isto torna as pessoas mais seletivas, sendo clara a procura pela tangibilidade dos benefícios. Esta tangibilidade pode verificar-se num produto como um electrodoméstico, uma nova televisão, mais moderna, ou num creme de beleza ou mesmo numa ida a um SPA, por este oferecer um tratamento especial e distinto dos demais. Esta tangibilidade do benefício pode ser simbólica, apenas algo percebido pelo consumidor e não necessariamente palpável e material.

Com o neofrugalismo, o preço assume maior relevância na gestão da carteira e na consequente gestão dos produtos e serviços a serem comprados e consumidos, o que nos leva à segunda tendência: a autenticidade. Mais ligada ao marketing do que ao comportamento do consumidor, é importante tê-la em mente. Trata-se de uma tendência que será importante para todos os consumidores nos próximos anos, mas que assume especial significado para consumidores mais maduros, críticos e experientes.

A noção de autenticidade [1] está diretamente ligada à noção que as pessoas têm sobre um produto, marca ou serviço: de que

---

[1] Ver *Autenticidade*, James Gilmore e Joseph Pine II, Actual Editora, Lisboa, 2010.

ele é verdadeiro, honesto naquilo que promete ou mesmo que é genuíno.

Tanto a autenticidade como o neofrugalismo são percepções que derivam da forma como o consumidor interpreta a oferta e o posicionamento da marca e a compara com as suas necessidades e motivações, com a visão que tem de si mesmo e do real benefício que aquela compra lhe irá proporcionar, na satisfação de algo que pode ser mais ou menos funcional.

Segundo os co-fundadores da Strategic Horizons LLP, Gilmore e Pine, a crescente busca e valorização do que é autêntico aumenta a procura de experiências percebidas como autênticas, sejam elas de que cariz forem. Uma vez mais, será a percepção e a motivação do consumidor a ditar o que é autêntico ou não.

Para os consumidores com mais de 45 anos a autenticidade poderá passar por uma maior qualidade, pela oferta de uma experiência única, individual e quase exclusiva. Em síntese, ser autêntico significa ter os benefícios certos, na hora certa, para o consumidor certo.

Para que isso seja realmente possível, é preciso olhar para o universo dos consumidores de uma nova perspectiva, menos balizada pela idade, pelo género ou por estereótipos e mais fundamentada no conhecimento real e profundo de quem é a pessoa que está a consumir. Qual o estádio de vida em que se encontra, quais as suas preocupações, as suas motivações e compreender as atitudes que toma face à compra e ao consumo.

Ao ler a brevíssima explicação destes dois conceitos/tendências de comportamento das pessoas enquanto consumidoras, o leitor pode ser indevidamente levado a pensar que estamos a viver uma nova era, na qual o racionalismo deve imperar. Porém, como já referido, estamos a trabalhar no campo das percepções e mesmo a gestão das compras enquadrada dentro de um comportamento neofrugal tem muito mais de emocional do que de racional.

É evidente que num contexto em que as pessoas têm menos dinheiro na carteira é preciso ter uma visão racional, clara e teoricamente objectiva para escolher o que comprar e o que não comprar.

Contudo, o outro lado dessa moeda é a tendência para a <u>auto-indulgência</u>.

Num cenário de precariedade no emprego, instabilidade financeira, em que os níveis de competitividade aumentam e o ritmo de vida se torna cada vez mais desgastante, é natural que as pessoas procurem uma porta de saída, o chamado tubo de escape.

Este tubo de escape concretiza-se em momentos de consumo dedicados ao indivíduo e àquilo que ele valoriza. Pode passar por adquirir algo de luxo, um momento especial, umas férias diferentes para a família. Esta é a terceira tendência que compõe o puzzle, juntamente com as duas já mencionadas e com a da <u>simplicidade</u>.

É relativamente comum sair à rua e ouvir as pessoas dizerem que a crise que vivemos é mais uma crise de valores do que uma crise financeira. Esta visão da realidade leva a que se questionem muitos dos hábitos até aqui tidos como normais. Os valores vigentes são postos em causa em prol de outros que transmitam segurança e ajudem a diminuir o grau de ansiedade das pessoas.

A busca pela simplicidade acaba por ser uma solução. Alguns dos entrevistados para este livro revelaram que atualmente já não saem tantas vezes para comer fora, pois perceberam que era um dispêndio absurdo, hoje quase imoral, ao mesmo tempo que se perdiam momentos de convívio íntimo com a família e com os amigos.

Este é um bom exemplo de mudança de atitude baseada numa mudança de mentalidade. A simplicidade, conjugada com um decréscimo do dinheiro que sobra ao fim do mês, está a levar as pessoas a preferirem ficar em casa em vez de sair todas as noites e a encontrarem formas mais simples e menos desgastantes de irem para os empregos, por exemplo.

Estas quatro mudanças de mentalidade, que deverão perdurar mesmo após a crise, são quatro grandes oportunidades para as marcas. Principalmente para aquelas que queiram tirar partido da nova maioria de consumidores, que são os 45+. Isto porque qualquer uma delas, embora tenha um importante peso transversal a toda a sociedade, tem um peso ainda maior para os consumidores dentro deste vasto grupo etário.

As suas características como indivíduos e, principalmente, como consumidores irão permitir compreender o porquê desta crescente importância.

Um estudo realizado pela *Science of the Time* logo após o eclodir da crise mostra quais as tendências de comportamento do consumidor decorrentes da crise. *Sane Recession* foi o estudo realizado pela equipa de Carl Rhode e que se sintetiza na seguinte matriz:

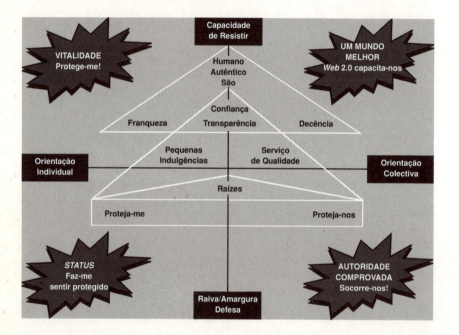

Tal como todas as novas mentalidades, as quatro grandes áreas (vitalidade, um mundo melhor, autoridade comprovada e *status*) aplicam-se teoricamente a todos os segmentos motivacionais porque passaram a ser necessidades das pessoas face a si mesmas e face ao comportamento das marcas.

Porém, algumas delas adequam-se de uma forma mais significativa às pessoas com 45 ou mais anos.

<u>Um mundo melhor</u> passa pela valorização da responsabilidade social das marcas, pela sustentabilidade do planeta. Se até agora

quase tudo estava centrado na ecologia, a pressão demográfica leva já algumas marcas a direcionarem a sua responsabilidade social aos mais velhos, desenvolvendo ações que visam melhorar as condições de vida dos idosos mais carenciados ou mesmo quebrar o isolamento em que estes vivem.

Para os que ainda estão profissionalmente ativos, um mundo melhor pode significar melhores relações laborais, uma maior facilidade na gestão do tempo entre trabalho e família, atuando a tecnologia como elemento facilitador.

No ramo do bem-estar, um mundo melhor pode passar por ajudar as pessoas a viverem melhor com os seus corpos, como é o exemplo da famosa campanha «Real Beauty» da marca Dove.

A vitalidade, tipicamente associada aos jovens, é agora também uma característica desejada pelos mais velhos e quando se fala nela fala-se em vitalidade a todos os níveis. A questão da sexualidade dos seniores torna-se, de novo, um tema pertinente.

Se aqueles que estão no início da segunda metade da vida têm vindo, cada vez mais, a adotar hábitos que lhes permitam ter a vitalidade para o dia-a-dia, os mais velhos, que descobriram que a vida não acaba aos 60 – pelo contrário – e que são ativos, sentem que têm uma terceira oportunidade de começar a viver e as questões ligadas à vitalidade e à sexualidade são de extrema importância.

Estes dois exemplos de *mentality trends* permitem ao leitor ter já uma noção dos desafios que se colocam às marcas, principalmente quando o objectivo é envolver os consumidores com 45 anos ou mais.

Tal como iremos mostrar no capítulo seguinte, o marketing que se faz para os mais novos deve ser distinto daquele dirigido às pessoas a partir dos 45 anos. Com o passar do tempo, um conjunto de fatores, associados ao processo de envelhecimento do corpo e ao amadurecimento do indivíduo muda a relação destas pessoas com as marcas e com o marketing.

No entanto, permanecem alguns mitos, como por exemplo o mito da inovação e o da não mudança de marcas de consumo. Ora, se num contexto como o actual as pessoas tendem a mudar com maior facilidade de marca, a lealdade dos consumidores não é o que era e a importância da inovação também mudou. Tornou-se ainda mais um fator crítico de sucesso do negócio.

INOVAÇÃO:

Definimos inovação como <u>Ideias NOVas em AÇÃO</u> e uma inovação só faz sentido para o negócio se trouxer uma boa relação entre benefícios emocionais e racionais na perspectiva do consumidor e se puder ser implementada a um custo igualmente benéfico para o negócio da marca.

O senso comum diz-nos que para que algo seja inovador tem de ser novo, tem de romper com o passado. O que esta perspectiva do senso comum não diz é que a inovação pode ser simplesmente uma melhoria, algo mais barato, mais criativo e mais simples do que uma rotura com o passado.

No campo da comunicação das marcas, principalmente das marcas de grande consumo, inovar para o segmento 45+ poderá passar apenas por incluir pessoas mais adultas e mais velhas na comunicação. Dito de outra forma, poderá ser trazer a distribuição demográfica para dentro da comunicação em vez do excessivo foco nos mais jovens.

No ramo da banca, inovação para os adultos que estão motivados para a poupança poderá passar por desenvolver um cartão em que o benefício acrescido está diretamente ligado a um PPR, como o fez a Caixa Geral de Depósitos com o cartão Leve.

Em estudos de mercado, um dos temas que desde sempre foi alvo de investigação foi saber quais os benefícios que uma entidade bancária deveria associar a um determinado cartão para que ele fosse apelativo para os consumidores.

A Caixa Geral de Depósitos, que em tem vindo a apostar de forma notória no segmento 45+, desenvolveu um produto especialmente dedicado aos adultos que já estão a pensar no seu futuro. Tal como referem no seu *site* institucional, «o Cartão Leve é um cartão de crédito da rede VISA concebido para aqueles que gostam de poupar para o futuro sem sacrificar o presente.» Isto porque ao fazer compras e pagar com este cartão, parte do valor da compra vai para o PPR.

Também o Millennium BCP se estreou com uma campanha destinada aos adultos com mais de 40 anos ao usar José Mourinho como protagonista da campanha que evoca seriedade, compromisso, numa alusão à autenticidade das promessas e benefícios propostos pelo banco.

A inovação tem de ser um processo contínuo dentro da organização, para que surta realmente efeitos positivos no negócio. Tem de ser transversal a toda a organização e não ficar restrita a um grupo de pensadores.

Igualmente importante é o facto de a inovação só fazer sentido se for benéfica tanto do ponto de vista do consumidor como do da organização; e para que se saiba em que medida será benéfica para o consumidor é necessária constante monitorização.

Neste contexto, o valor das tendências é enquadrar o comportamento e as motivações das pessoas, é perceber quais as mentalidades emergentes. Partindo daí, será possível analisar o impacto destas no negócio e a forma como cada organização pode inovar para continuar a colher o melhor proveito do seu negócio.

No entanto, ficar restrito à identificação e compreensão das tendências é redutor se não se tiver em conta um conhecimento mais detalhado do público, de forma a poder, entre outras coisas, fazer uma segmentação mais fiel ao seu perfil.

Tal como referimos, muito além da segmentação sociodemográfica, é a segmentação motivacional e com base nos estádios de vida que passará a fazer sentido sempre que o objectivo for conhecer o consumidor e agir para satisfazer necessidades ou reforçar o posicionamento no mercado, com ênfase no preenchimento dessas mesmas necessidades.

O capítulo que se segue pretende dar ao leitor uma visão de quem são as pessoas com 45 ou mais anos, como se sentem face ao natural processo de envelhecimento e quais os fatores que têm impacto no marketing para os 45+.

II

O SEGMENTO 45+

Antes de dar a oportunidade ao leitor de mergulhar no mundo dos 45+, um vasto segmento de pessoas muito heterogéneo e complexo, vale a pena refletir um pouco sobre o atual cenário demográfico. O envelhecimento da população não acarreta somente problemas, também traz consigo oportunidades para quem as souber ver.

Se olharmos para estas pessoas como consumidores, haverá um grupo pouco interessante do ponto de vista de negócio, mas a amplitude do segmento mostra que há outros grupos com grande potencial. É a velha questão do copo meio cheio ou meio vazio.

Embora estes sejam dados do último censo, o próximo quadro mostra que o número de pessoas idosas tem vindo a aumentar, comparativamente ao número de pessoas em idade ativa. Isto quer dizer que os ativos vão ter de trabalhar mais para financiar a dependência dos idosos.

Contudo, se sairmos dos centros urbanos, falarmos e observarmos as pessoas, facilmente verificamos que muitos dos idosos continuam economicamente ativos. Um fenómeno que a crise gerou pela dependência dos mais novos – dos casais sem filhos que pagam a casa ao banco, entre outras despesas –, que acabam por recorrer aos pais para auxílio financeiro.

Outros continuam economicamente ativos porque têm um espírito dinâmico e já previam que mesmo após a reforma iriam abrir o seu próprio negócio ou encontrar uma forma de continuar a trabalhar e a ganhar dinheiro.

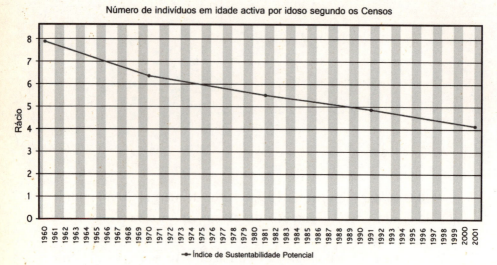

Fontes/Entidades: INE, PORDATA - © FFMS - Powered by Agle Reporting Services

Isto significa que, embora neste momento e ao longo das próximas décadas haja um número substancial de idosos dependentes daqueles que trabalham e que esta dependência tenha implicações sociais importantes, há um grupo que se está a manter ativo e autónomo pelo máximo de tempo possível.

Quem são, o que os motiva, onde estão, que tipo de atividade estão a desenvolver, quais as suas necessidades? Não se sabe. Daí ser tão importante encarar o segmento dos 45+ com seriedade e investir no seu estudo, exatamente para identificar bolsas de oportunidade e os segmentos mais interessantes para as marcas do ponto de vista do negócio.

A próxima figura mostra outro dado importante, principalmente para as marcas capazes de se dirigirem a todos os segmentos etários e que, por questões de posicionamento, estão demasiado focadas nos jovens.

Este quadro mostra que o segmento de jovens tem vindo a diminuir e que, muito provavelmente, já foi superado pelo número de pessoas com mais de 65 anos. Mostra ainda que há uma linha em crescimento que engloba pessoas entre os 15 e os 64 anos. Um intervalo bastante

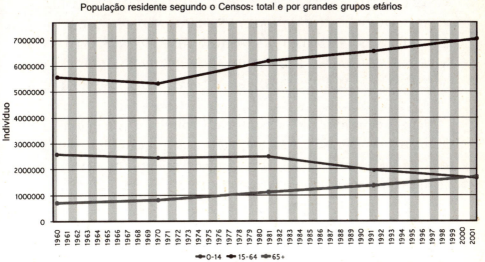

vasto, e que cresce principalmente devido aos adultos, já que o número de nascimentos em Portugal tem decrescido.

O peso destes números tem vindo a impor-se. A comunicação social desperta para este facto e divulga, com frequência, exemplos de pessoas com mais de 65 anos que encaram a vida de forma positiva, pessoas com dificuldades em gerir a solidão e o esquecimento, bem como serviços de apoio social, sejam eles ao domicílio ou não, só para citar alguns casos.

Esta realidade populacional está cada vez mais presente para os gestores das marcas, que procuram alternativas para alargar o seu negócio num cenário socioeconómico pouco favorável.

Acrescentar o segmento 45+ ao seu portfólio de vendas de maneira sustentada é uma forma de conseguir mais sustentabilidade económica e também de aproveitar uma oportunidade que cada vez mais se apresenta ao mercado.

A OBSERVAÇÃO DO COMPORTAMENTO DESTES CONSUMIDORES ATIVOS, QUE PROCURAM CADA VEZ MAIS NOVOS SABERES E PERSPECTIVAS, PERMITE UMA VISÃO MAIS ABRANGENTE DAS SUAS NECESSIDADES E DEFINIR AS PRINCIPAIS LINHAS DE ORIENTAÇÃO PARA RESPONDER AOS NOVOS ESTILOS DE VIDA.

Para lá da análise dos números e da tentativa de compreensão de como a demografia irá evoluir e dos seus impactos, interessa a todos os que trabalham em marketing e que continuamente observam e estudam o comportamento do consumidor olhar para as tendências e perceber o que o consumidor nos diz através delas.

O quadro que se segue é fruto desta análise das tendências para compreender o que as pessoas com mais de 50 anos atualmente nos estão a dizer.

O que eles estão a «viver»	I'm very much real.
	Are you really with me?
	Para os publicitários e profissionais do marketing estamos «na antecâmara da morte».
	Os produtos e os serviços disponíveis não querem nada com os seniores. Colocam-nos no «gueto» virtual de idosos.
	Os 50+ têm mais energia, cultura, capacidade, ambições e dinheiro disponível do que muitos «25 a 35 anos» poderiam sonhar.
	Em Portugal existe cerca de um milhão de consumidores ativos na faixa dos 50 aos 64 anos.
	Poucos reconhecem a esta gama etária sua vitalidade e ascendência cultural...
O que eles estão a «dizer»	I've been there already.
	What´s next?
	O que têm as marcas para oferecer que possa acrescentar «mais vida» ao seu dia-a-dia?
O que eles estão a «pedir»	My life is not at all bad.
	So make it more alive!
	Maior ligação com o que está a acontecer lá fora, para uma vida interior ainda mais rica.

O ponto de partida para este quadro foi a análise de tendências e *mentality trends* da Science of the Time [2] e a comunicação das marcas (250 observações ao longo de Abril e Maio de 2010).

Partindo da compreensão do contexto em que os 45+ estão a viver, daquilo que estão a dizer aos *marketeers*, é possível perceber o que estas pessoas estão a exigir das marcas:

1. Há uma profunda falta de sintonia entre o modo como estas pessoas se veem a si mesmas e a forma como os *marketeers* as perspectivam. Sentem-se vivos, querem permanecer ativos e não querem que lhes lembrem a todo o momento que estão a envelhecer e o lado negativo do envelhecimento;
2. Sentem que as marcas só estão focadas nas suas necessidades como pessoas doentes e velhas e que, a maior parte do tempo, se esquecem da sua existência, sendo praticamente colocados numa zona negra para onde poucos olham.

Isto quer dizer que as marcas, gestores e profissionais do marketing necessitam de novos pontos de partida para compreender tanto os adultos que por volta dos 45 anos estão a repensar a sua vida como aqueles que estão a poucos anos da reforma e que não sabem o que fazer das suas vidas, ou até aqueles que, já reformados e com um estilo de vida consolidado, continuam a interessar-se pelo mundo do consumo, mas que, muitas vezes, são vistos pelas marcas através de uma visão profundamente pautada por aquilo que se sabe que são as necessidades funcionais destas pessoas. A consequência é um fosso entre a forma como estes consumidores se veem e como acreditam que a sociedade os vê.

A visão predominante diz-nos que aos 50 estamos a ficar velhos, que aos 60 caminhamos para a reforma, que aos 70 estamos à beira da senilidade e que aos 80 estamos mortos. Porém, a realidade é bem diferente. Aos 50 somos jovens, aos 60 ainda falta algum tempo para a reforma e continuamos a sentir-nos jovens e ativos.

---

[2] *Quality is all to me* e *The 2nd half of my life.*

Aos 70 começamos a ficar velhos e aos 80 ainda temos, pelo menos, mais uns cinco anos de vida pela frente.

Desde os primórdios do marketing que a idade foi uma referência importante para segmentar o grupo dos consumidores e continua a fazer sentido tê-la em conta, mas já não pode ser o único fator. Isto já não acontece quando o foco são todos os grandes grupos etários (crianças, jovens e jovens adultos), dentro dos quais encontramos uma variedade de segmentos baseados em estilos e estágios de vida.

Só faz sentido continuar a segmentar os consumidores por idades em casos muito específicos, quando os produtos ou serviços são destinados a uma idade em particular, como os bebés ou idosos já em fase terminal de vida, para os quais há um conjunto de produtos destinados a cuidados especiais.

No caso do segmento 45+, há a tendência para fazer uma quebra etária subdividindo o segmento em pré e pós reformados. Pode ser interessante para se perceber expectativas e realidades face à reforma, mas mesmo a visão que as pessoas têm da reforma é profundamente marcada pela forma como viveram a sua vida, como se prepararam para o envelhecimento e para a aposentação propriamente dita.

Dividir a sociedade com base na idade das pessoas é cada vez mais uma visão estereotipada e, no caso dos mais velhos, preconceituosa, porque aos 50 anos as pessoas não se sentem velhas e não o são, de facto. Diz o ditado que a vida começa aos 40 e que aos 50 se está a viver uma segunda juventude. Esta é uma forma mais realista e positiva de olhar para o segmento 45-55.

A qualidade de vida tem vindo a prolongar o tempo de vida das pessoas. A crescente consciência com os cuidados a ter com a saúde e o culto da juventude contribuem para que as pessoas procurem viver mais. Hoje, uma pessoa de 50 anos equivale, em saúde, atividade e dinamismo, a uma pessoa de 40 anos há uma década. Com uma grande vantagem: é que viveu mais 10 anos e isso significa que são mais 10 anos de sabedoria, de experiência e de consumo ativo.

Porém, na perspectiva de gestores e *marketeers*, é necessário definir um marco etário a partir do qual se considera que as pessoas entram na senioridade e esse marco é, na maioria dos casos, os

50 anos, o que para muitos «cinquentões» e «cinquentonas» é quase uma ofensa, pois não se sentem velhos, muito longe disso.

Quando esta identificação da entrada na idade sénior sai do contexto restrito do marketing e é assimilada pela sociedade, qualquer pessoa que tenha 50 anos é vista como velha e isso irá condicionar um conjunto muito alargado de aspectos na sua vida, seja por iniciativa própria, seja por pressão/iniciativa alheia, com claras consequências no tipo de consumo que passam a fazer.

O TERMO SÉNIOR POSSUI UM SIGNIFICADO POSITIVO QUANDO UTILIZADO EM CONTEXTO PROFISSIONAL. SOMENTE NO CONTEXTO DA IDADE É QUE A PALAVRA ASSUME UMA CONOTAÇÃO NEGATIVA, FRUTO DA VISÃO DETURPADA QUE SE TEM DA VELHICE.

A visão estereotipada define o indivíduo velho como sendo:

- Pouco ativo;
- Doente;
- Dependente;
- Com poucos recursos financeiros;
- Alheado da realidade;
- Desconectado;
- Conservador e não aberto a novidades;
- Excluído do mundo por vontade própria.

As marcas têm visto os seniores como sendo um grupo homogéneo de pessoas cinzentas, sem interesse, decadentes, sem aspirações e que, no limite, tê-los nas suas campanhas pode causar danos à imagem da marca (com algumas exceções, claro).

A visão emergente é já um pouco menos negativa, mas continua a não estar adequada à realidade do segmento porque continua a ver as pessoas seniores como sendo:

- Sem grandes diferenças comportamentais e profissionais entre elas (grupo homogéneo);

- Focadas nas características e necessidades físicas e nas doenças próprias da velhice;
- Desligadas do mundo, precisando da orientação das marcas.

Por esta razão, as marcas comunicam de igual forma para todos os seniores, utilizam um tom paternalista e desenvolvem produtos e serviços muito focados na saúde e nas finanças. Mas, apesar de tudo isto, continuam a abordá-los como um grupo à parte. Com o amadurecimento do mercado, com a maior sensibilidade dos profissionais – sejam gestores e/ou *marketeers* –, esta forma de tratar o segmento 45+ irá tornar-se mais positiva e menos estereotipada.

É interessante notar que, em termos de oferta de serviços e produtos, há uma maior oferta para as pessoas com mais de 75 anos, estando claramente identificadas as suas necessidades funcionais, do que para pessoas mais novas, à exceção da indústria da cosmética.

A indústria alimentar e farmacêutica já há muito se apercebeu do potencial de negócio e está a investir em força nesse segmento. Damos o exemplo da Nestlé, que criou o Nestlé Nutrition Institute, dedicado à alimentação e saúde de pessoas idosas que necessitam de cuidados mais personalizados e de uma alimentação com características muito particulares.

Hoje, a Nestlé possui produtos para alimentação hospitalar e alimentação para idosos que estão em cuidados paliativos domiciliários.

Outro bom exemplo é o crescimento das residências assistidas. Uma iniciativa da José de Mello Residências e Serviços, o conceito já se estende aos grandes grupos de saúde, com residências dentro e fora dos grandes centros urbanos.

Estes exemplos mostram como as marcas, por uma razão ou outra, estão muito focadas no segmento a que chamam «sénior» quando, na verdade, se dirigem à faixa etária mais velha do segmento, esquecendo-se dos mais novos.

Para reforçar esta ideia, transcrevemos aqui alguns dos depoimentos recolhidos na 50+ Expo Sénior 2010:

- «Aos 50 sentia-me perfeitamente bem, só a partir dos 60 é que me sinto um pouco mais cansada.» (Mulher, 62 anos);
- «A idade é irrelevante; o estado físico e as necessidades físicas das pessoas é que determinam as suas necessidades.» (Mulher, 63 anos);
- «Existem pessoas com a mesma idade mas que aparentam ter idades diferentes, umas mais novas e outras mais velhas.» (Mulher, 68 anos);
- «Só sou sénior para ter o passe mais barato.» (Homem, 65 anos);
- «São pessoas que produziram 50 anos e que depois tentam usufruir do fruto desse trabalho.» (Homem, 68 anos);
- «São pessoas ativas, que querem mexer o corpo, querem sair à noite para ir a uma discoteca ou a um bar.» (Homem, 66 anos);
- «A velhice é a crença da pouca valia da pessoa.» (Mulher, 66 anos);
- «Muitas vezes são pessoas abandonadas, pela família e amigos, que encontram nas Universidades Seniores uma família.» (mulher, 78 anos).

Com base na investigação desenvolvida pela Ayr Consulting, criou-se o quadro abaixo, que apresenta o fosso já referido:

O «FOSSO DE PERCEPÇÃO» MARCAS E 45+	
Como as marcas em geral os veem	Como eles se veem
• Um só segmento e uma só atitude; • Não aspiracionais ou referenciais para marcas *multi-target* e portanto não aparecem na publicidade; • Muito focados na oferta de produtos ou serviços que tenham a ver com as suas necessidades físicas e de saúde; • Refractários à inovação e novas tecnologias; • «Acabados» para a vida e para a sociedade.	• Vários segmentos, determinados por atitudes; • Como não se veem reflectidos na publicidade para marcas *multi-target*, assumem que aquelas marcas não são para eles; • Focados na oferta de produtos ou serviços relacionados com as suas motivações na vida e necessidades físicas e de saúde; • Desejosos de inovação e cada vez mais à vontade com as novas tecnologias; • «Eu quero é fazer mais e melhor».

Uma forma interessante de perceber até que ponto o termo «sénior» está associado à ideia de pessoa velha é a análise das expectativas, em termos de produtos e serviços, que as pessoas tinham quando foram visitar a 50+ Expo Sénior 2010.

Entre outros, falámos com pessoas de 50 anos que iam à procura de produtos que os ajudassem a cuidar dos seus pais, já quase com 90 anos, e com um grupo de enfermeiras que veio do Norte à procura de camas articuladas, cadeiras de rodas e outro tipo de material de auxílio à locomoção de pessoas idosas.

Uma vez mais, transcrevemos alguns depoimentos que consideramos ilustrativos desta ideia e que são resposta à pergunta «o que esperava encontrar nesta feira?»:

- «Faltam bebidas, discos, sapatos.» (Mulher, 72 anos);
- «Vim à procura de ofertas para combater as necessidades (auditivas) dos seniores.» (Homem, 60 anos);
- «Vim à procura de produtos para idosos.» (Mulher, 61 anos);
- «Estava à espera de mais ofertas relativas ao tratamento terapêutico para pessoas com deficiência, para além de informação estava à espera de demonstração e venda.» (Mulher, 35 anos);
- «Esperava encontrar mais oferta no âmbito da prestação de serviços. A informação é indispensável, mesmo que o seu uso não seja imediatamente necessário.» (Homem, 64 anos);
- «Nas viagens não existe muita oferta. Não são coisas relacionadas com a nossa idade.» (Homem, 66 anos);
- «Esperava encontrar algum apoio e informação futurista, para daqui a algum tempo, para preparar a saída de casa para uma residência, para apoio domiciliário.» (Mulher, 58 anos);
- «Estava à procura de produtos de material de apoio, fisioterapia, livros, tudo o que estivesse relacionado com a área da saúde.» (Mulher, 39 anos);
- «Esperava encontrar marcas como a Tena, esperava encontrar ajudas técnicas, cadeiras de rodas, etc...» (Mulher, 39 anos).

Desta forma, torna-se evidente a necessidade de contribuir para que, por um lado, a velhice seja aceite como um processo natural da vida, não fazendo sentido negá-la, e, por outro lado, que o envelhecimento não é necessariamente negativo. Só assim será possível que esta carga pejorativa associada ao termo «sénior» e à velhice seja substituída por uma visão positiva e construtiva.

Cabe às marcas e aos *marketeers* fazê-lo, porque são eles quem mais facilmente consegue, com o apoio da comunicação social, mudar mentalidades.

O PROCESSO DE SENIORIDADE COMEÇA AOS 45!

Retomando a questão do envelhecimento, embora as pessoas só se considerem velhas quando o corpo e/ou a mente já apresentam sinais claros de envelhecimento, como maior dificuldade de locomoção ou alguns problemas relacionados com doenças como Alzheimer, a verdade é que o processo de envelhecimento começa antes, por volta dos 45 anos.

Num intervalo aproximado de 5 anos, a partir dos 45, as pessoas começam a apresentar pequenos problemas de visão, audição e começam a mudar a sua atitude face à vida. Aspectos que serão abordados mais adiante, mas que importa referir porque é nesta fase que, confrontado com uma série de mudanças físicas e psicológicas, o indivíduo começa a reflectir sobre o seu envelhecimento.

Este processo de início da idade sénior desencadeia mudanças comportamentais e motivacionais que terão impacto no estilo de vida e, consequentemente, nos seus hábitos de consumo e nas relações que estabelecem com as marcas.

Daí que para se compreender correctamente o segmento sénior seja essencial começar a estudá-lo a partir da sua primeira etapa. Ou seja, a partir dos 45 anos.

A segmentação como uma forma de melhor compreender este universo de consumidores:

Quando se olha para o segmento 45+, rapidamente se identificam três grandes estágios de vida:

1. Adultos maduros (45-55)
2. Pré-reformados (55-65)
3. Adultos reformados e seniores (65+)

A cada uma destas três fases corresponde um conjunto de atitudes e motivações, bem como sentimentos de ansiedade e insegurança em graus diferentes. Aqui, a idade atua mais como guia, porque efetivamente há apenas um indicador etário que marca um estágio na vida das pessoas: a idade da reforma.

Se uma marca deseja incluir o segmento 45+ no seu portfólio de clientes precisa de olhar para este universo e identificar a heterogeneidade que contém não tanto em termos do perfil sociodemográfico mas principalmente em termos dos seus valores, das suas atitudes, motivações e necessidades. Serão estes os fatores determinantes na identificação de segmentos úteis e explicativos quando o objectivo é compreender as lógicas de consumo e os *drivers* de lealdade ou mesmo de resposta à comunicação das marcas.

No campo do conhecimento do segmento 45+ há ainda muito a investigar. Não se sabe ao certo, à exceção de algumas empresas, quanto vale este mercado. Não se conhece a fundo o que motiva estas pessoas, quais as reais barreiras à mudança das marcas ou mesmo aspectos tão particulares como, por exemplo, o que faz com que uma pessoa de 45 anos vá a uma feira para seniores procurar informação sobre residências assistidas. Do que conhecemos dos estudos de mercado realizados em Portugal entre 2008 e 2009, muitos deles focaram-se em aspectos mais genéricos de caracterização do segmento sénior. Todos eles começaram a estudar o segmento a partir dos 50 anos e só um apresentou uma segmentação com base em motivações face à vida.

Longe de ser uma crítica negativa à forma como estes estudos foram feitos, isto é um reflexo claro do nível de maturidade do mercado; é fruto do momento em que as marcas começaram a despertar para a necessidade de conhecer este segmento para poderem trabalhar com base em dados concretos e reais em vez de ideias feitas, estereótipos e preconceitos.

A título de curiosidade, da observação e das entrevistas realizadas na 50+ Expo Sénior 2010 ficou clara uma primeira segmentação atitudinal face à velhice:

A. **Grupo «Não Reformados»:**

1. **A velhice é um futuro ainda distante, quero aproveitar a vida:** pessoas dos 45 aos 55 anos. Começam a pensar na sua velhice e a procurar saber o que o futuro lhes poderá reservar. Com níveis moderados de insegurança e ansiedade, tentam ver o lado positivo do envelhecimento. Mas a ausência de informação é tanta e falta tanto tempo para lá chegar que a principal motivação é começar a preparar o terreno. Contudo, o que os move é continuar a viver. É a idade em que valorizam mais o seu corpo, em que repensam a sua vida e fazem planos. Muitos começam novas famílias entre os 40 e os 45 anos;

2. **A velhice e a reforma estão ao virar da esquina, o que vou fazer?:** dos 55 aos 65 anos. À medida que se aproximam da idade da reforma aumenta a ansiedade e a insegurança face ao futuro. Já têm uma visão mais realista do que pode ser o seu futuro, mas ainda sentem que há muita coisa que lhes falta saber e sentem-se perdidos. Olham para o período da reforma com um sentimento ambíguo que se divide entre a felicidade de poderem fazer o que lhes apetece e a insegurança de não saberem como vai ser o seu dia-a-dia, de não saberem como continuar a viver quando a sociedade já não os quiser.

Falando com especialistas do envelhecimento, mas principalmente com psicólogos, o que dizem é que as pessoas nesta fase pré-reforma constroem uma série de mitos sobre o que será a reforma, acham que poderão fazer o que não fizeram até agora. Mas a prática mostra que uma pessoa não muda significativamente de gostos só porque passa a ser reformada.

Dito de outro modo, uma pessoa que sempre foi ativa, aberta a novas ofertas lúdicas, tenderá a ser uma grande consumidora de ofertas culturais e procurará ter uma vida estimulante, a par das «obrigações» que esta fase da vida pode trazer: cuidar dos pais, dar apoio aos filhos, etc.

Por outro lado, uma pessoa que sempre foi mais caseira, gostou mais de ter amigos em casa, saía pouco, não ia ao teatro, não passará a ser ativa e o oposto do que era porque passou a reformada.

Exceções existem. Nas Universidades da Terceira Idade há alguns casos de pessoas que redescobrem a vida, mas porque estão integradas num grupo que as motiva a tal.

B. Grupo «Reformados»:

1. **Eu estou feliz e «de bem com a vida»:** são as pessoas com mais de 65 anos que se mantêm ativas, que aceitam a velhice e lutam pela vida. Aderem mais facilmente às tecnologias, procuram utilizar a Internet para estar em contacto com outras pessoas e estão em redes sociais para fazerem amigos. Procuram o que há de novo na sociedade e querem manter-se parte integrante da mesma;

2. **Estou à espera da morte:** o oposto do grupo anterior. Tipicamente são pessoas dependentes, institucionalizadas, doentes e com fracos recursos financeiros. Sozinhas, vão vivendo o dia-a-dia à espera da morte. Eram os «outros», que não tinham ido à 50+ Expo Sénior. Este é o segmento que, do ponto de vista de negócio, menos interessa às marcas.

Daqui retiram-se dois aspectos muito importantes em termos de necessidades e motivações:

1. Que há uma falta de informação sobre os mais diversos aspectos da vida na velhice, quer para os futuros velhos, quer para aqueles que já são e se sentem velhos. Tal como noutras etapas da vida em que as pessoas estão constantemente à procura de informação e conhecimento, também aqui esta necessidade existe;

Esta falta de informação, aliada a uma visão negativa da velhice e da vida pós-reforma, desperta sentimentos como insegurança, ansiedade e angústia. É necessário que haja mais informação e uma visão mais positiva do que é a velhice.

2. As pessoas na fase da pré-reforma procuram conhecer todas as opções ao dispor nos mais variados campos das suas vidas e atualmente nem as marcas nem o Estado lhes disponibilizam essa informação.

Num contexto como aquele em que vivemos, de insegurança social e financeira, aumenta a necessidade de programar e controlar o futuro, o que vem reforçar esta necessidade de compreender as várias alternativas disponíveis para os não reformados que já pensam na sua vida após a reforma.

AS MARCAS E A COMUNICAÇÃO SOCIAL TÊM O IMPORTANTE PAPEL SOCIAL DE TRANSMITIR UMA VISÃO POSITIVA DA VELHICE RELACIONADA COM SOCIALIZAÇÃO, ATIVIDADE E ENTUSIASMO, E NÃO SOLIDÃO, INATIVIDADE E TRISTEZA.

Em 2008, a Synovate, em parceria com a Deloitte, realizou um estudo de mercado junto da população continental com 50+ anos em que um dos objectivos era o de identificar quais as motivações destas pessoas face à vida.

Caso fosse possível identificar e quantificar estas motivações, isso seria um importante passo na compreensão do que move estas pessoas e do racional por trás do consumo.

De um estudo com metodologia mista – qualitativa [3] e quantitativa – resultaram quatro grandes segmentos motivacionais: expansão, partilha, negação e introversão.

De acordo com este estudo, 47% da população portuguesa com mais de 50 anos está no segmento «partilha e família».

- Para estas pessoas, a motivação principal é viver a velhice, partilhar afectos, estar em harmonia com a família e agradar e cuidar dos outros de forma a sentirem-se úteis.
- Aceitam os novos papéis que a idade lhes proporciona e manifestam o afecto pelos outros, cuidando, apoiando, protegendo, «mimando», ensinando as outras gerações, e sentem-se reconhecidas por isso.
- A principal ansiedade, ou medo, é a perda da aceitação social, isolamento e a exclusão. Estas pessoas estão interessadas em tudo o que estimule a interação social, que lhes proporcione novos conhecimentos e propicie a partilha dos conhecimentos que foram adquirindo ao longo do tempo.
- Em termos de comportamento, a maior parte do seu tempo é dedicada à família, aos filhos e netos. Gostam de estar com os amigos e partilhar experiências. No que diz respeito ao comportamento de consumo, são pessoas que estão mais voltadas para os outros (ajudar os filhos, oferecer presentes/«mimos» para os netos), para as atividades em grupo e para aproveitar os descontos/vantagens existentes para os seniores.

O segundo segmento motivacional com maior peso na sociedade é o chamado «negação ou superioridade», totalizando 23%.

---

[3] Onde foi aplicada uma metodologia proprietária da Synovate – Censydiam.

- Quanto às suas principais motivações, procuram evitar a angústia do envelhecimento (negação), enfatizando a sua jovialidade ou tentando «camuflar» os sinais da idade.
- Compensam as consequências da idade procurando chamar a atenção para a ideia de que não estão envelhecidos. Nesse sentido, a principal ansiedade é a perda da imagem física.
- O comportamento adotado visa manter as atividades exercidas até ao momento, tendo sempre em mente o tipo de imagem pessoal que estão a transmitir aos outros. Uma imagem que está associada à juventude e à atração física. Evitam a todo o custo atividades e situações conotadas com a velhice e procuram rodear-se de pessoas mais jovens, assimilando muitos dos seus hábitos e comportamentos.
- Daí que, em termos de comportamento de consumo, seja dada uma atenção especial àquilo que o grupo de referência (jovens) consome. Procuram imitar os jovens no vestuário, acessórios, tecnologia (por exemplo, leitores de MP3, computadores portáteis, telemóveis) e mesmo no consumo de estilos musicais.

Os «introvertidos» perfazem 20% da população portuguesa com mais de 50 anos e:

- Caracterizam-se por serem pessoas resignadas e retraídas, face aos efeitos da idade e face ao mundo exterior, e com menor participação na vida quotidiana, pois procuram evitar os riscos e vulnerabilidades da velhice.
- Buscam proteção, tranquilidade e segurança e a sua maior ansiedade está relacionada com as doenças e com a morte. Um segmento muito parecido, em termos atitudinais, aos que «estão à espera da morte», identificado na segmentação atitudinal atrás referida.
- Por se sentirem tão inseguros, assumem um comportamento de refúgio em casa, evitando os excessos, são cautelosos e receosos. Procuram ocupar-se com atividades tranquilas,

pacíficas e seguras. Sentir que dominam a realidade que os rodeia é fundamental.
- Por isso, o comportamento de consumo é bastante conservador, racional e funcional, voltado para as marcas e categorias de produtos/serviços que já conhecem – os de sempre – e nos quais confiam.

O último grupo motivacional identificado neste estudo de mercado é o da «expansão», que corresponde a 10% da população com mais de 50 anos.

- São pessoas que se sentem bem na sua própria pele e o que os motiva é o desenvolvimento e enriquecimento pessoais. Assumem uma atitude optimista, construtiva, de dinâmica e de vigor perante as consequências do envelhecimento.
- Os seus receios prendem-se com a perda da vitalidade, de capacidades físicas e cognitivas que impliquem perda de independência. No que toca ao consumo, estão muito focados no ócio. Aproveitam todas as vantagens/descontos para seniores: cinema, museus e transportes. O objectivo último é estar sempre ativo e não estagnar.

O interesse e a utilidade de uma abordagem motivacional, como a utilizada neste estudo, residem na atualidade das suas conclusões. As motivações identificadas são estruturantes do indivíduo, marcam a forma como se posiciona face à vida e aos outros, e este tipo de motivações não varia a curto prazo, a menos que algo de catastrófico ocorra na vida da pessoa, como a descoberta de uma doença, a morte de um parente ou a alteração brusca do estilo de vida.

Ferramentas de gestão e marketing como esta, ou outras semelhantes, permitem às marcas compreender quais serão os motores por detrás do consumo em cada um dos segmentos, porque se sabe qual o foco da pessoa no estágio de vida em que está.

No mercado nacional, devido às condicionantes económico--financeiras e à importância dada ao segmento 45+ como segmento

de consumo, abordagens deste género são poucas e fazem muita falta. Só assim as marcas podem conhecer melhor o segmento 45+.
Em síntese:

- Para se tirar o maior proveito do segmento sénior deve incluir-se o segmento pré-sénior, pois é por volta dos 45 anos que as pessoas começam a adquirir hábitos, valores e formas de estar que vão marcar o seu futuro. Aqui começa a janela de oportunidade para as marcas;
- Os 45+ não são um grupo homogéneo, logo, a comunicação e o desenho de produtos e serviços para este segmento não devem ser feitos com base numa visão estereotipada e homogénea, e sim com base numa segmentação motivacional;
- É fundamental difundir uma mensagem positiva e integradora para que a visão que a sociedade tem dos velhos não seja uma visão que exclua, e sim que inclua.

Como as pessoas com 45 e mais anos veem o marketing e as ações/estratégias das marcas:

De um modo geral, os 45+ não se identificam com a forma como as marcas comunicam nem com a oferta de produtos e serviços destinada a este vasto segmento, porque tanto uma como a outra não refletem a complexidade e a totalidade do ser destas pessoas.

Um olhar mais atento à comunicação das marcas mostra que há uma tendência para se presumir que é um universo de pessoas todas iguais e, em alguns casos, são retratadas de forma «paternalista», como pessoas que precisam de alguém que as «leve pela mão», tal como os pais fazem aos filhos.

Ora, para que uma mensagem faça eco no coração do seu destinatário tem de ir ao encontro daquilo que para ele é importante: os seus valores, as suas motivações, necessidades ou preocupações. Quando o *marketeer* conhece os valores dominantes num determinado segmento, consegue desenvolver uma campanha que faça sentido para essas pessoas.

Imagem: O «polícia» do comportamento humano
Fonte: Adaptado de Wolfe & Snyder (2003: 150)

No caso dos 45+, os valores são tão importantes como para os mais novos e tendem a mudar menos do que no caso dos mais jovens, porque já estão noutra etapa das suas vidas. Contudo, é possível encontrar-se diferenças nos valores defendidos pelos reformados e pelos não reformados, conforme mostra um estudo realizado nos Estados Unidos e descrito no livro *Ageless Marketing*, de David B. Wolf e Robert E. Snyder.

Inspirados nesse estudo, fizemos uma análise aos valores que surgiram nas 39 entrevistas realizadas aos visitantes da 50+ Expo Sénior. Sem carácter científico, mas como exploração de possíveis vias de análise, identificaram-se 6 valores dominantes:

1. O indivíduo;
2. A economia pessoal e o estatuto social;
3. A saúde e o bem-estar;
4. Relacionamento pessoal (família e amigos);
5. Ocupação de tempos livres;
6. Dever social.

De acordo com cada um destes valores, as pessoas adotam determinadas atitudes, tanto em termos da gestão da sua vida, como em termos do consumo.

Embora recolhidos e classificados de forma qualitativa, estes valores servem para ilustrar, em grandes linhas, o que vai na mente e no coração das pessoas que de alguma forma estão preocupadas com a velhice.

Valor	Significado	Atitude
O Indivíduo	Foco na auto-estima no e bem-estar psicológico. Procura da auto-suficiência e independência. Orgulho na independência e nas conquistas pessoais.	Uma atitude realista e positiva facilita a gestão dos entraves provocados pelo envelhecimento.
	Respeito pela tradição, autoridade, regras e instituições sociais.	Aceitação e enquadramento social.
Relacionamento pessoal	Família como o centro das suas atenções e principal fonte de satisfação pessoal.	Mulheres, principalmente, dedicam-se à família e amigos como forma de se sentirem parte da sociedade.
	Amizade como forma de pertença à comunidade.	Relacionamento com os outros permite estilo de vida ativo e isso possibilita um envelhecer emocionalmente mais preenchido e positivo.
Saúde e bem-estar	Preocupação com prevenção de doenças, na manutenção da saúde física e psicológica como forma de prolongar a longevidade.	O ideal é eliminar comportamentos de risco. Adotar a prática regular de exercício físico.
		«Não sinto a necessidade de ginásios para seniores, sinto a necessidade de ginásios que apresentem soluções concretas para problemas específicos e que advêm da idade.»
Economia pessoal e estatuto social	Garantir saúde financeira. Posse de bens materiais como símbolo de estatuto. Evitar a queda no estilo de vida e no patamar social.	A reforma é uma oportunidade para cumprir sonhos, por isso deve começar-se a investir enquanto se é ativo. Foco principal do investimento é em viagens. Velhice acarreta o risco do empobrecimento com a não entrada de capital.
	Poder e reconhecimento dos outros. Evitar que outros mandem em si/ /dependência.	
	Arrependimento face ao passado por pouca preocupação com as poupanças.	

Valor	Significado	Atitude
Ocupação de tempos livres	Curiosidade e desafios intelectuais como forma de manter a saúde mental, sentir-se ativo e importante para os outros e aos olhos dos outros.	Descoberta ou expansão da relação com tecnologias de comunicação. Espera que as marcas surpreendam e estimulem mais a utilização e interação com as novas tecnologias. Fuga ao *stress* urbano com uma casa no campo.
	Procura de equilíbrio com contacto com a natureza, novidades culturais e oportunidade de ganhar novos conhecimentos (formação).	Sente que há uma estreita relação entre deixar de trabalhar e deixar de aprender. A etapa da reforma é uma nova etapa de aprendizagem (Universidade Sénior e cursos de formação), bem como uma etapa de partilha de conhecimento. Manter-se em contacto com a sociedade contribui para combater a «infantilização» dos seniores. «Não gosto de me sentir velha, não quero ficar em casa todo o dia sem fazer nada.»
	Ocupação dos tempos livres como uma fonte de felicidade.	
Dever social	Expressão de valores como bondade, compaixão, perdão, altruísmo. Significa contribuir ativamente para uma sociedade melhor e aumentar a satisfação pessoal com o reconhecimento por parte dos outros.	Mostrar à sociedade que não se é descartável, sentir-se útil e reconhecido.

Estes 6 valores identificados podem ser sintetizados em 3, mais estruturantes:

1. Auto-estima positiva;
2. Independência;
3. Felicidade.

A eles está subjacente o receio de que o envelhecimento, e principalmente a reforma, traga um alheamento da sociedade, um entristecer progressivo e uma apatia que resulta numa espera lenta pela morte.

Daí que haja uma rejeição, mesmo que não totalmente consciente, face à comunicação das marcas e a determinado tipo de produtos disponibilizados no mercado, os quais atuam no plano emocional como uma forma de confronto com o envelhecimento e com a dependência.

Como já foi apontado anteriormente, existe um ressentimento pela forma como as marcas abordam o segmento dos 45+, sempre por comparação à forma como estas pessoas sentem que as mesmas marcas se relacionam e preocupam com os outros segmentos, nomeadamente com os mais novos. Sentem que não são queridos e desejados, não são *aspiracionais* como os jovens.

A verdade é que a velhice nunca será *aspiracional*, num mundo profundamente marcado pelo culto da juventude. No entanto, há muito espaço para a promoção da jovialidade mesmo nos segmentos mais velhos.

Em conversas informais com profissionais da estética e da cirurgia plástica, há unanimidade ao referir que as mulheres, quando chegam aos 50 e têm dinheiro para isso, procurar atenuar os sinais de envelhecimento, mas têm sempre a preocupação de não parecerem excessivamente jovens, evitando que sejam vistas como não naturais. Eis aqui um bom exemplo da tendência da autenticidade. Porque mesmo quando pessoas mais adultas e maduras do ponto de vista psicológico procuram os tratamentos de cirurgia estética, a grande maioria quer continuar a parecer e sentir-se como autêntica e não fabricada pela cirurgia.

AS MARCAS PROCURAM ESTAR PRESENTES EM TODOS OS MOMENTOS DOS JOVENS E DOS ADULTOS ATIVOS, MAS COM OS ADULTOS DEPOIS DOS 45 E SENIORES O MESMO NÃO ACONTECE.

Enquanto a oferta estiver centrada nos planos de poupança, nas suas mais diversas formas, nas residências assistidas e nos serviços de apoio domiciliar, nos pacotes de viagens especiais para seniores, nos sapatos ortopédicos e telefones com grandes teclas, as marcas estão a pôr no mesmo grupo dos 65+ todo o segmento, criando e reforçando os seus «grandes medos», em vez de ir ao encontro dos aspectos mais positivos das suas vidas.

Esta necessidade de olhar para o *bright side of life* leva a que apostas como as Universidades da Terceira Idade tenham uma aceitação extremamente positiva, porque são espaços em que as pessoas já reformadas podem, simultaneamente, estimular o seu intelecto – aprendendo e ensinando –, e sentir-se ativas e participativas na sociedade.

Muitos são os casos de alunos das UTI (Universidades da Terceira Idade) cuja auto-estima aumenta, o que acaba por ter impacto no estilo de vida e, consequentemente, no consumo, dado haver alterações no vestuário e na alimentação.

Dada a atual ausência de um conhecimento mais aprofundado sobre o 45+ nos seus diversos subsegmentos e a visão de que os seniores são, necessária e quase que exclusivamente, «os velhos», as marcas tendem a centrar a sua ação nos 65+. Pelo menos é assim que estas pessoas definem a atuação das marcas, segundo as opiniões recolhidas na 50+ Expo Sénior 2010 e de entre as quais destacamos algumas, que retratam esta forma «invisível» como as marcas tendem a olhar para este segmento que, num mercado como o nosso, vai amadurecendo aos poucos:

- «No geral, as marcas não demonstram grande interesse no segmento sénior e os produtos e soluções que apresentam não correspondem às expectativas das pessoas.» (Mulher, 68 anos.)
- «Na prática, não existe muito investimento no segmento sénior.» (Mulher, 63 anos.)
- «A publicidade é maioritariamente jovem. Temos de mostrar que existe vida no outro lado.» (Mulher, 59 anos.)
- «A publicidade não retrata três aspectos no que diz respeito às dificuldades dos seniores: económicas, educacionais e afectivas.» (Homem, 77 anos.)
- «As mensagens destinam-se aos jovens. Psicologicamente isto pode ter efeitos maus porque não nos conseguimos identificar.» (Mulher, 64 anos.)
- «Não retrata, maltrata os idosos, a classe média nunca é referida no envelhecimento porque são culturalmente e economicamente desfavorecidos.» (Homem, 71 anos.)

No entanto, esta visão distante que as marcas têm em relação ao segmento sénior tende a desaparecer quando os profissionais de marketing e de gestão interagem diretamente com ele. Os depoimentos recolhidos no último dia da 50+ Expo Sénior 2010 juntos dos expositores, quando lhes perguntámos o que mais os marcou na relação que estabeleceram com os visitantes e quais foram as principais lições aprendidas, são um bom exemplo disso:

- «As pessoas estão interessadas e têm disponibilidade para nos ouvir.»
- «Mostram que são ativos e procuram coisas novas.»
- «São pessoas bastante receptivas.»
- «Temos uma ideia errada do que é ter mais de 50 anos. É interessante ver a receptividade dos seniores.»
- «Não deveríamos chamar seniores aos idosos, eles não gostam muito. Gostam mais que lhes chamemos velhos.»
- «O diálogo tem de ser mais aberto com o público.»

É preciso ter em conta que se está a falar de um contexto muito específico, no qual se espera que as pessoas com mais de 50 anos sejam efetivamente pessoas dinâmicas e ativas, caso contrário teriam alguma dificuldade em deslocarem-se ao evento e até mesmo em ter abertura de espírito para procurarem coisas novas.

Contudo, estes depoimentos mostram que, de alguma forma, os expositores ficaram positivamente surpreendidos com as pessoas com quem interagiram e isto mudou a forma como passaram a encarar o segmento 45+.

Ainda no contexto da feira, foi perguntado a esses mesmos expositores qual a mensagem que gostariam de deixar às marcas que optaram por não estar presentes, com o objectivo de perceber o que eles mais destacavam na experiência que tiveram.

Eis alguns dos testemunhos recolhidos:

- «Perderam uma experiência nova e potenciais clientes. Para a próxima que abram os olhos.»

- «Perderam uma oportunidade de negócio, porque é uma população que está a aumentar.»
- «As marcas poderiam ter vindo, porque cada vez mais é importante dirigir a atenção à população mais idosa.»

Dos depoimentos fica a noção de que é preciso dedicar mais recursos ao conhecimento deste segmento, para que as pessoas sintam, de facto, que as marcas estão a contribuir para a sua integração na sociedade e não o contrário.

Assim sendo, surgem algumas novas questões para aqueles que estão decididos a fazê-lo e a definirem qual o papel que caberá à sua marca e/ou organização na vida destas pessoas, tais como:

a) Focar a ação da marca nos 50 ou 55, ou optar pelos 45, já que muitas das decisões que vão marcar a terceira parte da vida das pessoas são definidas e adotadas na pré-senioridade?
b) Sabendo que os seniores são um grupo bastante heterogéneo, quais os critérios de segmentação que fazem sentido?
c) Será que o facto de se estar a lidar, pela primeira vez na história do marketing, com a primazia do segmento 45+, isso irá mudar alguma coisa nas bases do marketing?
d) Como desenvolver formas de comunicação efetivas?
e) Como envolver estas pessoas, para que a marca tenha um papel importante nas suas vidas, tornando a marca relevante?

Estas são questões estruturais e que implicam, por um lado, compreender o que se passa na vida e na mente das pessoas à volta dos 45 anos e que irá influenciar e condicionar a maneira como interagem em sociedade e, por outro, adquirir uma metodologia crítica na forma de olhar para o marketing e para várias das suas premissas. Comunicar para jovens não é o mesmo que comunicar para adultos e seniores.

O terceiro capítulo deste livro aborda temas que permitirão às marcas responder a estas e a outras questões, mais complexas, mas todas relacionadas com estratégias de marketing e gestão.

Até aqui fizemos um pequeno ponto de situação da realidade, mostrando como as pessoas com 45 ou mais anos se veem e como a sociedade as vê. Abordámos algumas das questões do marketing e das marcas, para que toda esta informação atue como fundamento para a compreensão do capítulo seguinte, onde as questões do marketing serão abordadas de forma mais específica.

III

O MARKETING PARA OS 45+

A função primeira do marketing é desenvolver mecanismos que propiciem a construção de relações positivas entre marcas e consumidores. Isso faz-se com base no *know-how* de cada *marketeer* e com base no conhecimento existente sobre os diversos segmentos-alvo.

Sabendo que a maioria dos *marketeers* tem menos de 40 anos e que ainda não experienciou o seu próprio processo de envelhecimento, que a informação existente no mercado sobre o segmento 45+ é escassa e que os profissionais de marketing não dominam as questões relacionadas com o processo de envelhecimento das pessoas, é expectável que as ações levadas a cabo ainda sejam, em grande parte, construídas com base em estereótipos e que criem pouca empatia com os destinatários.

O CENTRO DE GRAVIDADE DO CONSUMO VAI MUDAR – AS PESSOAS MAIS VELHAS SERÃO A MAIORIA. DAÍ A IMPORTÂNCIA DOS 45+.

Porém, antes de aprofundar as questões que determinam o marketing para este segmento, é importante realçar alguns factos que terão impacto na forma como profissionais do marketing e os gestores deverão encarar o segmento 45+.

O primeiro aspecto está relacionado com as mudanças económicas ocorridas em todo o globo. No momento em que a economia ocidental entra em declínio e que os Estados Unidos deixam de ser o grande pólo de atração económico (dado o crescimento do consumo em países como a China), e pese embora a crise financeira do Japão, confirma-se que ao longo dos últimos anos temos vido a ser «invadidos» pela cultura oriental.

Até aqui nada de novo, não fosse um aspecto que poderá alterar a forma como a sociedade olha para os seus seniores: uma das características das estruturas familiares orientais é a valorização do membro mais velho, o idoso, pela sua experiência de vida e sabedoria; valorização esta que atravessa a sociedade. Como consequência, estamos perante sociedades em que as pessoas idosas ainda ocupam um lugar de respeito.

Alguns analistas do envelhecimento das sociedades ocidentais acreditam que gradualmente haverá uma transmissão destes valores orientais, como já aconteceu em relação à saúde, e que aos poucos, com o peso demográfico dos idosos, isto venha a mudar a forma como eles são vistos e valorizados.

O segundo aspecto a destacar é o aumento da idade da reforma e o impacto desta mudança no consumo. Muito provavelmente, a idade da reforma em Portugal deixará de ser os 65 anos, para ficar mais próxima dos 70. As implicações sociais e laborais são grandes e merecem uma reflexão aprofundada por parte de todos os agentes envolvidos.

Todavia, esta é uma oportunidade para as marcas, porque as pessoas continuarão a trabalhar até mais tarde, continuarão economicamente ativas durante mais tempo e continuarão a consumir, logicamente, por mais anos. Isto se retirarmos desta equação os que, mesmo após a reforma, se mantém economicamente ativos.

Este prolongamento da idade ativa vem reforçar a importância do segmento 45+ enquanto consumidores importantes para o negócio das marcas. Porém, uma vez mais relembramos que esta realidade em nada muda a necessidade de se compreender muito bem a heterogeneidade deste vasto grupo de consumidores, para bem e sucesso dos negócios.

Depois destes dois alertas, é importante centrar o foco no marketing. Começamos por um tema que habitualmente não vem nos compêndios, a menos que tratem especificamente o segmento de adultos e seniores: o das questões relativas às grandes mudanças que ocorrem num indivíduo tendencialmente a partir dos 40-45 anos.

Por volta dos 45 anos as pessoas começam a sentir os primeiros efeitos do envelhecimento. O início da diminuição da capacidade de visão é um bom exemplo daquilo que é um processo muito mais profundo e que afecta todas as áreas da vida de um indivíduo.

Mais ou menos por volta dessa idade, as pessoas iniciam o processo de atualização do Eu, que as levará a repensar o seu papel na sociedade, a fazer um balanço das suas vidas em termos de objectivos atingidos e ainda por atingir. Mas as alterações vão mais a fundo: ocorrem a nível cerebral, motor e sensitivo, para além do psicológico.

As mudanças que vão acontecendo gradualmente afectam a relação das pessoas consigo próprias e com a sociedade, têm impacto na forma como as pessoas gerem as suas motivações e necessidades. É nessa altura que começam a reflectir sobre a sua vida quando forem mais velhas.

Todo este contexto é novo para os *marketeers* porque, até agora, não se viam obrigados a olhar para as suas estratégias e premissas tendo em conta as características das pessoas mais velhas. Até hoje, o alvo dos *marketeers* foi, *grosso modo*, os adultos até aos 40 anos. Daí que a predominância de um segmento com mais de 45 anos venha a colocar em causa algumas premissas e estratégias de marketing, já que a forma de estar na vida, os objectivos, o modo como o próprio cérebro percepciona e analisa os estímulos externos é diferente numa pessoa de 30 ou 40 anos de outra com 50 ou 60.

AO TER EM CONTA AS MUDANÇAS FÍSICAS, PSICOLÓGICAS E NEUROLÓGICAS DECORRENTES DO PROCESSO DE ENVELHECIMENTO, AS MARCAS CONSEGUEM SER MAIS EFICAZES NA GERAÇÃO DE SENTIMENTOS DE EMPATIA E CONFIANÇA COM O SEGMENTO 45+. HÁ UM ENVOLVIMENTO EMOCIONAL ALICERÇADO NA CREDIBILIDADE DA MARCA.

Mudanças sensoriais:

De uma perspectiva tanto teórica como prática, a senioridade não começa aos 45 anos, nem aos 50, mas mais tarde. No entanto, do ponto de vista do marketing faz todo o sentido olhar para o segmento pré-sénior (45-55 anos) porque o processo de envelhecimento, entendido na sua globalidade, faz-se sentir de uma forma mais evidente por volta dos 45 anos. Esta é a razão por que se fala em 45+.

O processo de envelhecimento acarreta um conjunto de alterações físicas e motoras, sensoriais, neurológicas e psicológicas que moldam a forma como as pessoas se comportam face à vida e, consequentemente, ao consumo.

Sabendo que um dos objectivos deste livro é fornecer informação considerada de base para se perceber toda a complexidade subjacente ao marketing para o segmento sénior, faz sentido incluir alguma informação que permita ao leitor ter uma visão de 360° das principais mudanças sensoriais que ocorrem ao longo da vida de uma pessoa.

As alterações nos cinco sentidos vão acontecendo ao longo do tempo e acabarão por afectar todos mas não da mesma maneira. Trata-se de um processo lento e do qual, muitas vezes, o indivíduo só toma consciência quando os seus efeitos alteram de forma crítica o seu quotidiano.

A diminuição da capacidade de visão, de audição, a menor sensibilidade à diversidade de aromas e sabores alteram a forma como as pessoas reagem a um amplo conjunto de estímulos. Aqui ficam resumidas as principais alterações que ocorrem nos cinco sentidos e que têm impacto direto no marketing:

Visão – é o sentido que primeiro apresenta sinais de envelhecimento, o que tem impacto na:

- Percepção de formas em tamanho pequeno;
- Sensibilidade à luz;
- Distinção de formas brancas em fundo preto;
- Capacidade de leitura dependendo do tipo de suporte utilizado (por exemplo, papel).

Efeitos no marketing:

- Dificuldade em ler rótulos de embalagens e letras nos corredores de hiper e supermercados, pelo seu tamanho e pela maior lentidão do olho em focar a imagem;
- Dificuldade em compreender o que está escrito sempre que o fundo utilizado for escuro e as letras brancas, dada a perda de noção dos contornos das formas;
- Dificuldade em estar em ambientes muito claros, dada a sensibilidade à luz.

Audição – é o sentido que mais se deteriora, devido ao nível de ruído das sociedades modernas. As pessoas vão ficando cada vez mais surdas sem darem por isso. Com o uso crescente dos telemóveis, tendem a ficar mais surdas do ouvido direito do que do esquerdo (facto relacionado com o ser-se destro ou não).

A diminuição na audição afecta a capacidade de:

- Resposta rápida a um estímulo. A pessoa necessita de mais tempo para que o cérebro identifique e responda ao estímulo;
- Percepção da diversidade de sons, com a diminuição da sensibilidade à diversidade de tons (tons diferentes e em diferentes decibéis);
- Permanecer em ambientes onde o som seja muito alto e com grande diversidade de tons.

Efeitos no marketing:

- Dificuldade em permanecer em ambientes com sons muito altos, como salas de cinema, bares e restaurantes com má acústica;
- *Spots* de rádio ou televisivos com um forte som de fundo e com voz *off*. Esta sobreposição de sons faz com que muitos não percebam a totalidade da mensagem, pois o cérebro tem dificuldade em processar a informação;
- A má acústica aumenta os níveis de *stress*.

Paladar – as mudanças ocorridas na boca e no paladar conduzem, fundamentalmente, a três grandes alterações:

- Diminuição da sensibilidade à diversidade de sabores;
- A maior dificuldade em distinguir o que é salgado, doce, amargo e azedo;
- Diminuição da quantidade de saliva.

Como consequência, alguns produtos alimentares precisam de um aditivo que facilite o reconhecimento de todos os tipos de sabores existentes.

Olfacto – o sistema olfactivo começa a ficar comprometido por volta dos 30 anos e vai-se deteriorando ao longo do tempo. Contudo, estas alterações são praticamente imperceptíveis até que o seu impacto seja significativo.

Em termos de **impacto no marketing**, a indústria da cosmética tem sido a que combate esta debilidade, com o incremento dos químicos responsáveis pelos aromas em produtos cosméticos e perfumes destinados ao segmento mais velho da população.

De todos os cinco sentidos, o olfacto é aquele que mais mexe com as memórias das pessoas, sendo assim possível gerir os aromas de forma a estimular o reviver de tempos, locais e contextos passados, tornando-se numa ferramenta interessante em termos do marketing, para os 45+, pois à medida que se envelhece aumenta a tendência para as pessoas se tornarem mais saudosistas.

Tacto – a par da visão, é o sentido no qual mais facilmente detectamos os efeitos do envelhecimento, com o aparecimento das rugas e a tendência para a pele ficar mais seca e mais insensível ao toque, o que traz ainda mudanças na capacidade do corpo tolerar grandes temperaturas, sejam elas frias ou quentes. Para além disso, ocorrem alterações ósseas, como reumatismo ou osteoporose, que vão ter influência no tacto.

Isto quer dizer que os *marketeers* que queiram estimular este sentido, ou proporcionar um ambiente que não seja *stressante* para a pele devem ter cuidado com os níveis da temperatura ambiente.

Existem ainda mudanças musculares e ósseas que terão impacto na forma como as pessoas interagem com as outras e com os produtos no seu dia-a-dia. O exemplo mais evidente é o da abertura de embalagens, o que tem levado mais *marketeers*, gestores, designers e engenheiros a trabalhar em conjunto para criar formas cada vez mais fáceis de abrir as diversas embalagens com que uma pessoa lida diariamente. Tem havido um igual cuidado no desenvolvimento de produtos mais leves ou serviços que facilitem às pessoas levar as compras até suas casas.

O lado positivo destas alterações é que tendem a tornar-se comuns a toda a população. Facilitam a vida dos mais velhos e dos mais novos, contribuem para a constante integração dos mais velhos na sociedade e diminuem os níveis de *stress* causados pela dificuldade em conviver em sociedade decorrente do envelhecimento do corpo.

Mudanças a nível cerebral:

A tarefa mais importante desempenhada pelo cérebro é a de filtrar a informação recolhida pelo corpo. Esta tarefa consiste num conjunto de processos através dos quais o cérebro reduz a quantidade de informação até que a mesma consiga ser processada pela mente consciente.

Nada pode passar para a mente consciente até ser analisada pelo processo de filtragem da informação.

Para que a comunicação das marcas sobreviva a todo este processo, tem de estar adaptada às características do cérebro de uma pessoa mais velha. Só assim serão processadas de forma correta e a mensagem recebida será igual à emitida.

As mensagens têm de ter relevância e emoção. Relevância suficiente para provocar no indivíduo uma resposta emocional forte. As emoções são como os pilares do cérebro. Estas filtram a informação relativa à necessidade (quanto mais forte a necessidade mais forte será a resposta emocional). Ora, se as marcas compreenderem como funciona o sistema de processamento de informação nos mais velhos, mais facilmente desenvolvem mensagens relevantes.

Com o processo de envelhecimento, algumas das ligações neuronais deixam de estar ativas e o cérebro descobre novos caminhos para continuar a desempenhar as mesmas tarefas, de forma a manter o indivíduo apto a viver. Como consequência, muitas das tarefas que antes eram desempenhadas pelo hemisfério cerebral esquerdo passam a ser executadas pelo direito.

No indivíduo, passa a prevalecer o hemisfério mais emocional sobre o hemisfério mais analítico, que é o esquerdo, sendo esta tendência uma das grandes diferenças estruturais entre crianças, jovens, adultos e seniores, com impactos tremendos no marketing, já que esta predominância do hemisfério direito sobre o esquerdo molda a percepção da realidade, aumenta as capacidades de resposta emocional, tornando os indivíduos mais aptos a controlar as suas emoções, fortalecendo-se o seu sentido de conexão aos outros, à sociedade e à vida em geral.

É esta necessidade de continuar ligado às pessoas e à sociedade que explica o desejo do indivíduo em se manter integrado na sociedade, tal como foi mostrado anteriormente, quando se abordou a questão dos valores importantes para o segmento 45+.

As pessoas tornam-se saudosistas e gostam de quem as faz lembrar os momentos bons que passaram e de poder partilhar esses momentos com os outros. Tal como recordam experiências de vida e as valorizam, também dão muita importância às experiências que as marcas lhes proporcionam, mesmo que sejam experiências negativas.

ENQUANTO OS MAIS NOVOS QUEREM PERSPECTIVAR O FUTURO, MAIS OU MENOS IMEDIATO, OS MAIS VELHOS GOSTAM DE REVIVER MOMENTOS. EMBORA OS ADULTOS MADUROS TAMBÉM TENDAM A PERSPECTIVAR O FUTURO, FAZEM-NO DE UMA FORMA DISTINTA DA DOS JOVENS.

Sabendo que o olfacto é o sentido que, estimulado, mais facilmente transporta uma pessoa ao passado, os *marketeers* podem tirar proveito desta feliz associação para reforçar os laços emocionais entre as marcas e os consumidores 45+.

Quanto ao comportamento de consumo, ocorre outra grande diferença entre o comportamento dos mais jovens e o dos mais velhos.

O foco mais em si e a maior capacidade de controlar as emoções fazem dos consumidores seniores pessoas menos impulsivas no que diz respeito à compra, já que se tornam menos permeáveis à influência do grupo.

Enquanto os jovens adquirem produtos de uma marca para se sentirem integrados no seu grupo social de referência, os seniores pensam mais em si mesmos do que na integração no grupo, ou seja, para que uma marca seja eleita, esta deve reforçar a ligação já existente com a ênfase nos valores que são importantes para este segmento e proporcionar experiências de interação positivas.

Para além do facto de haver uma transferência de tarefas do hemisfério esquerdo para o direito, ocorrem outras mudanças cerebrais que influem na identificação do que é mais importante para os 45+.

O desejo de partilhar o conhecimento adquirido ao longo da vida e o igual desejo de adquirir novos conhecimentos estão relacionados com as alterações cerebrais, embora não exclusivamente. Com o passar dos anos, o conhecimento verbal, a compreensão, o vocabulário e as aptidões profissionais tendem a melhorar. O conhecimento que foi solidamente adquirido enquanto jovem tende a ser poupado na fase da velhice.

Portanto, as alterações ocorridas no cérebro definem em grande parte os valores importantes para este segmento e moldam a forma como estas pessoas vivem em sociedade e como olham para si mesmas.

Alguns factos sobre o cérebro a ter em consideração:

- A parte direita do cérebro funciona com imagens e não com palavras;
- As imagens no lado direito do cérebro são analógicas (reflexões diretas) da realidade aferida pelos sentidos, não por símbolos abstractos da realidade (palavras escritas);
- O lado direito é responsável pela determinação da importância da informação;
- O lado direito procura padrões ou relacionamentos centrando-se mais em detalhes;
- O lado direito detecta relacionamentos, ao passo que o esquerdo detecta categorias;
- O nome de uma marca estimula o lado direito do cérebro, mais que outras palavras.

Mudanças psicológicas:

Quando uma pessoa nasce, e ao longo da sua infância e adolescência, está focada na sua integração na sociedade. Quer marcar o seu espaço e definir a sua identidade enquanto pessoa. Durante todo esse processo, que teoricamente dura até à consolidação da sua vida profissional, o peso do grupo de referência é muito grande. O consumo é uma das formas de marcar esta integração. Há um desejo de viver intensamente, daí o gosto pelo consumo rápido. Consumir é um modo de mostrar aos outros que se é produtivo, que se está a contribuir ativamente para o crescimento da sociedade.

Ao longo do processo de crescimento e de envelhecimento, as prioridades dos indivíduos vão mudando, os valores alteram-se em função dos novos estágios de vida e em função das mudanças físicas e mentais que ocorrem.

A par das mudanças já referidas, é na idade madura, por volta dos 40-50 anos, que as pessoas iniciam uma nova etapa do seu desenvolvimento psicológico a que vulgarmente se chama «atualização do *self*», termo desenvolvido por Kurt Goldstein. Trata-se de um impulso para uma reflexão sobre o indivíduo e sobre a sua relação consigo mesmo, com os outros e com o mundo. Para algumas pessoas, trata-se da «crise da meia-idade». É um processo lento e quase impercetível, que altera necessidades e motivações e que tem uma relação direta com a forma como as pessoas reagem às ações de marketing e como consomem. O distanciamento que foi identificado nas pessoas entrevistadas na 50+ Expo Sénior 2010 é fruto deste distanciamento entre o marketing das marcas e as pessoas.

Enquanto as marcas continuam a usar a mesma linguagem utilizada com jovens, este segmento fala outra língua e percebe que as marcas não sabem comunicar nesse mesmo registo.

Na segunda metade da vida, o foco das pessoas deixa de ser a construção da sua identidade, da sua vida, família e a conquista do seu espaço na sociedade, aspectos esses que são importantes para os jovens e jovens adultos.

Para os adultos maduros, o foco continua a estar no indivíduo, mas os valores alteram-se, pois as pessoas, ao serem confrontadas com a velhice, põem a sua vida em perspectiva. O processo de atualização do *self* é um processo inconsciente e lento, profundamente influenciado pelas experiências de cada indivíduo, mas que mesmo assim apresenta traços comuns a todas as pessoas.

Abraham Harold Maslow desenvolveu toda a sua teoria em torno do que denominou «pirâmide das necessidades básicas do ser humano». Outros psicólogos e psicanalistas desenvolveram conceitos semelhantes e complementares, mas Maslow tornou-se mais popular, inclusivamente para os profissionais do marketing.

Maslow explica que, nos altos estágios da maturidade, as pessoas tendem a refletir nas «polaridades e nos opostos» do seu comportamento, lutam pela simplificação das suas vidas (menos «coisas»), adquirem valores diferentes (redefinir prioridades), ficam mais autónomas (mais autoconfiantes) e evitam extremos (mais neutros, procura de equilíbrio).

Neste processo, o indivíduo torna-se mais introspectivo e informado sobre si mesmo, mais individualista e menos sujeito à influência dos pares e, idealmente, mais autónomo, ou seja, mais confiante em si próprio. As pessoas que encontram o seu verdadeiro Eu sentem-se mais à vontade para seguir as suas próprias intuições.

Segundo este autor, as necessidades primárias que predominam nos jovens são a necessidade de se sentirem seguros e as necessidades básicas fisiológicas. Para os adultos, as necessidades passam a ter um cariz de crescimento enquanto ser humano.

A necessidade de se manter atualizado com o que se passa na sociedade, de se sentir amado e de fruir de um sentimento de pertença são necessidades que passam a marcar os valores do indivíduo, mais centrado em si e na relação com os outros.

A veracidade desta mudança nas necessidades básicas é patente na observação etnográfica realizada por nós na já referida feira. A análise aos valores defendidos pelas pessoas entrevistadas resume-se a questões diretamente ligadas à pertença na família e amigos, à independência, à auto-estima e ao desejo de adquirir e partilhar conhecimentos como forma de encontrar a felicidade individual.

A visão do mundo dos jovens é mais fragmentada e menos equilibrada por influência das necessidades imediatas e dos desejos mais relacionados com a integração do indivíduo na sociedade e com a consolidação da sua posição social.

Quando este processo estabiliza, na última etapa da vida, o indivíduo torna-se uma pessoa mais equilibrada comparativamente ao que era na sua juventude. Uma experiência de vida mais prolongada torna o indivíduo ao mesmo tempo mais completo e mais complexo.

Enquanto para os jovens a vida tende a ser «absoluta», preto ou branco, gostar e não gostar, para os 45+ nem tanto. A vida assume contornos menos definidos e o facto de as pessoas se tornarem mais relaxadas face à vida é uma das explicações para esta relativização das coisas.

Do ponto de vista das marcas, é completamente diferente comunicar para pessoas mais impulsivas, nas quais a influência do grupo funciona como catalisador, do que comunicar para pessoas mais individualizadas, que conseguem controlar melhor as suas emoções e que não funcionam por opostos (amo ou odeio).

Os 45+ são, precisamente, pessoas com mais conhecimento sobre as estratégias das marcas, têm uma visão mais crítica daquilo que estas lhes pedem, oferecem e proporcionam e são mais exigentes por comparação com os jovens.

Enquanto jovens e 45+ podem partilhar as mesmas marcas, consumir os mesmos produtos e ter as mesmas experiências proporcionadas pelas marcas, a forma como vivem estas experiências, os fatores que atuam como agentes de fidelização, as motivações e necessidades de consumo são distintas. O segredo, para as marcas, está em perceber quais são os fatores que levam os 45+ a consumirem marcas cujo posicionamento é eminentemente jovem.

Uma das pessoas entrevistadas na 50+ Expo Sénior disse que gostaria de continuar a comprar a mesma marca de ténis que comprava quando era jovem (Nike), mas que hoje não o fazia porque a cor dos ténis era demasiado vibrante e procurava algo mais sóbrio.

Neste caso, a pessoa continua a identificar-se com os valores da marca, com a essência da marca, mas sente que foi esquecida por ela. Deixou de poder ser um comprador Nike. A verdade é que a Nike tem produtos com cores menos vibrantes, mas não os comunica e muitas vezes não os coloca nas lojas.

Aqui não há uma crítica direta à Nike, já que são diversas as marcas de produtos generalistas centrados mais nos jovens quando há um segmento de pessoas que, embora não use cores vibrantes com padrões muito marcantes, continuam a sentir-se identificadas com a imagem, os valores e o posicionamento dessas marcas.

É por isso que o real desafio para marcas e *marketeers* é identificar estratégias que lhes permitam adicionar o segmento 45+ ao seu portfólio de clientes sem perder os que já estão conquistados.

A «disrutividade» do marketing, com o crescimento do peso demográfico dos adultos maduros e seniores:

Disrutividade é um termo ausente da língua portuguesa, que foi adaptado do inglês para a sua presente e ampla utilização na linguagem técnica do Marketing e da Comunicação e que significa «cortar com algo, romper com o existente».

Um pensamento disruptivo é, então, aquele que olha para a realidade e que a analisa de uma perspectiva crítica, cortando com o que era norma, com o que estava dado como certo.

A *disrutividade* é positiva porque gera coisas novas, estimula a mudança e atua como um agente de crescimento. Aposta na mudança de visões convencionais, em colocar tudo em perspectiva e conduz, por sua vez, à mudança na forma de encarar a realidade. O crescente peso dos 45+ na sociedade é um fator que está a gerar a *disruptividade* no marketing, entre outras áreas da sociedade, pois obriga os *marketeers* e demais agentes sociais a olharem para as suas teorias, experiências e conhecimentos de estratégias de conquista dos consumidores de outra forma.

Eis aqui alguns aspectos sobre os quais vale a pena meditar:

a) Os 45+ olham para si, para os outros e para o mundo de uma forma distinta. Os seus sentidos e o seu cérebro funcionam de outra maneira, obrigando à revisão e à adaptação das estratégias de marketing a este novo contexto;

b) Desenvolver um produto ou lançar um novo serviço para os mais jovens é relativamente fácil, porque para eles praticamente tudo é novo e estão sequiosos de inovações. No entanto, o ser fácil não implica que seja lucrativo, uma vez que estas pessoas têm menor disponibilidade financeira e procuram o que podem comprar ao menor preço para terem mais quantidade;

c) Já os mais velhos procuram a confiança e a segurança em detrimento do novo. Têm um longo historial de consumo e de relação com as marcas, o que lhes permite compreender melhor as mais-valias de um produto ou serviço. Por tudo isto, o futuro do marketing é cada vez mais relacional, não só porque tem vindo a evoluir no sentido de contribuir para que as marcas construam relações de fidelidade com os seus consumidores, mas porque este é o eixo de conquista do segmento 45+. São pessoas que procuram relações e é com base na experiência que estas relações com as marcas proporcionam que se constroem laços de fidelidade;

d) A avaliação do grau de satisfação da experiência é feita, por um lado, pela análise dos estímulos recebidos pelos cinco sentidos e, por outro, pela contraposição da mesma com os valores que pautam o comportamento de cada pessoa;

e) Uma vez que os valores que guiam o indivíduo são revistos ao longo do processo de atualização do *self*, os valores que marcam a vida de uma pessoa jovem não são necessariamente os mesmos na sua fase de velhice;

f) Isto explica por que motivo as pessoas mais velhas, em geral, não se identificam com muitas das estratégias de marketing das marcas e por que razão sentem que estas se centram num público mais jovem do que nelas.

Insights estratégicos para as marcas

O ponto de partida para a definição de uma estratégia de integração dos 45+ no portfólio das marcas passa por:

1. Compreender como estas pessoas veem o mundo, conhecer as lentes através das quais percebem o mundo em que vivem e fazem escolhas para ser felizes. Quanto mais alinhadas as ações e mensagens das marcas estiverem com a visão do mundo dos 45+, mais facilmente se estabelece uma conexão entre consumidor e marca e mais sólida será a relação entre ambos;

2. Identificar as diferentes necessidades e motivações dos 45+, tendo em conta as clivagens existentes neste grupo. As necessidades são carências que criam no indivíduo um desconforto físico ou psicológico, que geram motivações, e o indivíduo irá procurar formas de as satisfazer. Se a marca descobrir o seu papel na vida das pessoas e identificar uma forma de responder a estas necessidades e motivações, a relação entre consumidor e marca está estabelecida;

3. Compreender as motivações e perceber de que forma a sua marca e o seu negócio podem responder. As motivações levam o indivíduo a procurar uma solução rápida, para voltar a encontrar o seu ponto de conforto. Elas são influenciadas pela história de vida, pelo estilo e estágio de vida, pelas condições económicas e financeiras.

O passo seguinte é entender o que o segmento 45+ deseja:

1. **Sentir-se envolvido na sociedade, tanto do ponto de vista criativo como do intelectual.**

a) É o segmento mais bem informado;
b) Lê com frequência jornais e revistas, acede cada vez mais à Internet, está nas redes sociais à procura de contacto com outras pessoas, viaja para expandir os seus horizontes culturais e inscreve-se em cursos de formação (por exemplo, na Universidade da Terceira Idade).

2. **Partilhar a sua experiência e conhecimento.**

a) Um dos atrativos das Universidades da Terceira Idade é permitir que uma pessoa seja, ao mesmo tempo, aluna e professora;
b) O desejo de trabalhar em ações ou organizações de voluntariado tem subjacente a necessidade de partilha;
c) A procura de maior envolvimento com amigos e família explica-se pelo desejo de pertença e de continuar a desenvolver uma atividade útil a alguém.

3. **Manter-se ativo e produtivo, sentindo-se com vitalidade.**

a) A vida só faz sentido se contribuir para a construção de algo. O receio que provoca a ideia da reforma tem a ver com a perspectiva da inatividade, do tornar-se inútil e ficar à margem da sociedade;
b) Os 45+ pretendem continuar a trabalhar até mais tarde. Em muitos casos, há a procura de formas de ocupação ou mesmo de empregos que mantenham as pessoas no ativo após a reforma.

4. **Expressar a sua compaixão pelos outros e a sua preocupação com o mundo.**

a) Fruto de um maior peso das emoções na vida dos indivíduos e do processo de atualização do *self*, há a necessidade de encontrar formas de canalizar estes sentimentos;
b) Tendencialmente são as pessoas seniores que mais votam e participam em atividades cívicas e que estão mais envolvidas em ações de cariz social.

O terceiro passo é compreender de que forma o segmento 45+ se define e como expressa o que quer transmitir aos *marketeers*. Ficam, uma vez mais e com o intuito de concretizar este *insight*, novos depoimentos extraídos do contacto direto com pessoas dentro do segmento 45+:

Como eles definem quem são os seniores:

- «Pessoas muito ricas em conhecimento, porque se vai aprendendo ao longo da vida.» (Homem, 69 anos.)
- «Pessoas que têm imensa vontade de saber e aprender e não ficam aquém dos mais jovens. Estão por vezes carentes de apoio e atenção.» (Mulher, com 34 anos e que trabalha com seniores.)

Como acham que as marcas os veem:

- «As marcas encaram os seniores de uma forma muito mais comercial do que humana.» (Mulher, com 35 anos e que trabalha com seniores).
- «Vêm-nos como sempre nos viram: "olha os coitados que estão no Outono da vida".» (Mulher, 53 anos.)

O que desejam fazer neste estágio de vida e o que é importante para eles:

- «O que eu quero é fazer coisas que não pude fazer quando estava a trabalhar, quando estava a educar filhos, não podia ter as férias que queria...» (Mulher, 59 anos.)
- «Lazer, segurança e bem-estar são muito importantes.» (Mulher, 60 anos.)
- «Os filhos impedem-me de entrar na reforma, preocupo-me com o futuro dos meus filhos e com o mercado de trabalho. A carreira e a família são muito importantes para mim.» (mulher, 57 anos.)
- «Vou fazer por me manter ativo e aproveitar a vida ao máximo. Ficar parado, nunca.» (Homem, 69 anos.)
- «Tenho uma vida ativa, pratico bastante desporto. Também estou em contacto com os jovens, o que me ajuda a manter uma atitude positiva. No futuro, gostaria de ter uma vida sem preocupações, de viajar.» (Mulher, 57 anos.)

O quarto passo é compreender e aceitar que os 45+ são um grupo heterogéneo, com pessoas em diferentes estágios de vida e onde os tradicionais critérios de segmentação não se aplicam. Assim, a melhor forma de compreender a fundo os 45+ e de agir em função do conhecimento adquirido é segmentá-los por valores e por motivações. Isto porque todas as mudanças que ocorrem ao longo da segunda metade da vida, e que são decorrentes do processo de envelhecimento, se dão lenta e progressivamente.

Estas pessoas passam por etapas que vão, pouco a pouco, moldando os seus valores e, por isso, as suas necessidades e motivações, a saber:

O encarar a realidade do envelhecimento e da morte:

a) **Significado**: os indivíduos descobrem que o processo de envelhecimento os faz viver ainda mais, com maior intensidade porque a morte deixa de ser um problema;

b) **Necessidade de marketing**: estabelecer uma associação à família, aos amigos e eventualmente a aspectos relacionados com a vida espiritual das pessoas. A par destas possíveis associações, é fundamental transmitir confiança, autenticidade, qualidade e uma forma positiva de viver.

O rever a vida:

a) **Significado**: o balanço da vida provoca um sentimento de nostalgia e em alguns casos pode ser frustrante quando o indivíduo percebe que não conquistou os seus principais objectivos. É necessária uma reconciliação consigo mesmo e a definição de uma estratégia para que a vida que ainda há para viver seja compensatória.

b) **Necessidade de marketing**: trata-se de um processo psicológico, mas no qual as marcas podem ter um papel importante, mostrando que são companheiras, que existem para facilitar a vida e promover a conquista dos novos objectivos;

Definir a vida de forma realista:

a) **Significado**: com base no processo de revisão da vida, o indivíduo define os novos objectivos com base na análise do contexto em que se move e dentro dos limites que lhe são impostos. Estes limites podem ser: o tempo, as condições socioeconómicas e a relação com os outros.

b) **Necessidade de marketing**: por esta razão, as imagens utilizadas no marketing devem ser pragmáticas e realistas, reflectindo com maior precisão quem eles realmente são e a(s) sua(s) atitude(s) frente à vida;

Determinar o sentido da própria vida:

a) **Significado**: para onde quero ir e o que quero deixar para os que me são próximos são questões levantadas pelo indivíduo quando está a determinar o rumo da sua vida. Para que o indivíduo consiga cumprir esta tarefa, precisa de se sentir livre e autónomo, não dependente de terceiros, com espaço para olhar para si mesmo e compreender que o rumo é definido por si e não pelos outros. Uma vez mais, percebe-se por que são tão importantes para os 45+ a autonomia, a auto-estima e a procura da felicidade.

b) **Necessidade de marketing**: as marcas devem provar que dão a liberdade, a informação e o espaço desejado pelos consumidores e ter um diálogo franco, mostrando todas as possibilidades de negócio. É assim que se constrói uma relação de confiança.

O quinto passo é ter em conta os quatro segmentos atitudinais já apresentados:

1. **Quem são:**

a) Grupo «**Não Reformados**»:

- **A velhice é um futuro ainda distante**: pessoas dos 45 aos 55 anos de idade;
- **A velhice e a reforma estão ao virar da esquina**: dos 55 aos 65 anos.

b) Grupo «**Reformados**»:

- **Eu estou feliz e de bem com a vida**: são as pessoas com mais de 65 anos que se mantêm ativas, que aceitam a velhice e lutam pela vida;
- **Estou à espera da morte**: o oposto do segmento anterior.

2. **O que querem:**

a) Os «Não Reformados» estão interessados em produtos e serviços que os ajudem a perspectivar e planear a velhice, a médio e longo prazo, e que os ajudem a diminuir ou mesmo a eliminar a insegurança e a ansiedade geradas pelo desconhecido.

Para este grupo, as indústrias com maior potencial de venda são as relacionadas com a banca e a finança (garantir a sustentabilidade financeira e a manutenção do estilo de vida), saúde e alimentação (prolongar a saúde do corpo e da mente) e aquelas indústrias cuja oferta disponibiliza às pessoas outras formas de continuarem ativas e a contribuir para a sociedade depois de estarem reformadas.

A comunicação para este grupo não deve referir claramente a questão da velhice e sim a perspectiva de um futuro melhor, mais seguro, ativo e feliz. Contudo, mesmo aqui há clivagens no tipo de comunicação tendo em conta os subsegmentos do grupo A: aqueles que encaram a velhice como algo muito distante (dos 45 aos 65 temos 20 anos pela frente e há a possibilidade de mudar muita coisa no estilo de vida) e aqueles que acham que a velhice está já ao virar da esquina, porque associam o ficar velho ao estar reformado.

b) Os «Reformados» têm uma perspectiva de futuro diferente. As suas preocupações já não são tanto no planear a velhice e torna-se quase um planeamento diário, à medida que o tempo passa.

Para os que acabaram de se reformar, levantam-se questões relacionadas com a ocupação do seu tempo, com o tipo de atividades que querem e podem levar a cabo de forma a sentirem-se bem com eles próprios (auto-estima positiva), com a saúde e a dependência dos outros e, por fim, com o manterem-se integrados e socialmente ativos.

São pessoas que estão à procura de um rumo, estão a adaptar-se à sua nova condição social e precisam de manter o contacto com os outros. Valorizam campanhas que transmitam uma visão positiva da vida no pós-reforma, que mostrem pessoas da sua idade a interagir com as gerações mais novas e gostam das tecnologias de informação e comunicação, porque respondem às suas necessidades de sentirem que continuam a fazer parte da sociedade.

Quanto aos mais velhos, aqueles que já estão perfeitamente integrados na nova vida e que já adquiriram uma rotina na pós-reforma, as suas necessidades e motivações centram-se mais no dia-a-dia e nas suas ocupações.

O segmento dos reformados que estão à espera da morte caracteriza-se por pessoas inseguras, desmotivadas e muito centradas no dia-a-dia, preocupadas em manterem-se vivas. Em princípio, não terão muitas atividades para além da rotina que envolve os cuidados consigo mesmos, a conversa com amigos e vizinhos próximos e o consumo de televisão e rádio. Sentem que não fazem parte da sociedade, no sentido mais amplo, não são ativos e estão centrados no seu pequeno mundo. As novidades da sociedade não lhes interessam e passam-lhes ao lado.

Estes precisam de ser reintegrados na sociedade e, aqui, marcas e Governo têm um papel muito importante a cumprir e que é motivá-los para a vida.

As Universidades da Terceira Idade são um bom exemplo de atividades que os ajudam a voltar a viver.

Tendo em conta todo o anteriormente exposto, o sexto e último passo é:

1. **Estabelecer com eles uma relação de confiança.**

    a) Num contexto em que o preço é cada vez mais o *driver* principal na compra em algumas categorias, a forma de manter os consumidores, e principalmente os que estão a entrar na segunda metade da vida, passa pela criação e consolidação de laços de confiança.

2. **Entender e aplicar as quatro grandes dimensões que levam à construção de uma relação de confiança com eles** (Fonte: Science of the Time).

    a) **A reciprocidade no diálogo:** quando é evidente que ambas as partes falam e se ouvem mutuamente.

- As marcas têm de provar que percebem o que estas pessoas estão a dizer (*Proven Authority*);

b) **A empatia recíproca**: a marca deve mostrar que tem empatia para com o consumidor e dar-lhe espaço para mostrar que o inverso também é verdadeiro.

- Esta empatia não só fará com que as vendas aumentem como poderá ser um poderoso antídoto, no caso de acontecer algo adverso que possa prejudicar a imagem da marca (*Anger, Distrust and Decadence; Quality is all to me*);

c) **Vulnerabilidade recíproca**: a vulnerabilidade e a empatia são parentes próximos, na medida em que uma pessoa se torna mais vulnerável quando mostra empatia por outra, já que uma parte de si é revelada nesse ato.

- Assim, esperam que também elas mostrem o seu lado mais «fraco», quando for caso disso (*Total Transparency*);

d) **Estimular o lado emocional do cérebro para depois conquistar o racional:**

- A idealização das suas virtudes nas mensagens publicitárias: mais afáveis, mais sábios, mais carinhosos, mais interessantes porque têm mais histórias para contar e, ainda, saber ouvir (*Give me Narratives*).

EM SUMA, OS 45 +:

1. Sentem-se cheios de vida e com vontade de a aproveitar. Mas, para as marcas, é como se eles tivessem deixado de existir,

quando na verdade existem cada vez mais, em todos os sentidos;
2. Querem manter-se cognitivamente jovens, optimistas, inovadores e ativos;
3. Querem continuar a crescer pessoal e profissionalmente. A vida profissional não entra em declínio aos 50 para estagnar aos 65;
4. Pretendem contribuir para a sociedade e para o ambiente;
5. Querem ter casas bem decoradas e equipadas;
6. Desejam vestir-se bem, mas com roupas informais;
7. Procuram estar cada vez mais conectados (o número de pessoas com mais de 55 anos registadas no Facebook cresce diariamente). As tecnologias servem para se manterem atualizados relativamente ao que se passa no mundo e para interagirem com as outras pessoas.

OS DOIS DESAFIOS E AS CINCO GRANDES OPORTUNIDADES PARA AS MARCAS:

Os desafios:

1. Perceber que a segmentação com base na idade não faz sentido e que esta deve ser substituída por uma segmentação com base nos valores, pois são estes que determinam muitas das motivações e necessidades das pessoas;
2. Compreender que existem mudanças psico-neurológicas que vão influenciar a forma como as pessoas mais velhas se movem na sociedade e avaliam o que é mais e menos importante para elas.

As grandes oportunidades:

1. Mudar a percepção que a sociedade tem em relação ao segmento 45+, trocando uma visão negativa por uma visão

mais positiva, desmitificando a velhice, que, afinal, é parte do processo natural da vida de todos nós;
2. Olhar para o segmento de forma holística e não somente para aspectos como problemas de saúde e financeiros;
3. Informar e servir de guia na nova etapa da vida, seja na pré--reforma seja no pós-reforma;
4. Motivar as pessoas para a vida, oferecendo coisas novas, estimulando e abrindo o apetite para a mudança e quebrando barreiras que estão relacionadas com os sentimentos de insegurança;
5. Ajudar os mais velhos a manterem-se ativos na sociedade através de mensagens credíveis que mostram esta etapa da vida como natural e positiva.

10 *INSIGHTS* PARA ABORDAR ESTE SEGMENTO:

1. Olhar para os 45+ como um segmento com tanto potencial como os outros e prová-lo a quem a ele pertence com um marketing e uma comunicação que o valorizam e vão ao encontro dos seus valores, necessidades e motivações;
2. Ter em mente as segmentações atitudinais e motivacionais do segmento 45+ e fazer um marketing e uma comunicação segmentados e não homogeneizadores:

   a) Colmatando o fosso existente entre a visão do marketing sobre o segmento 45+ e a visão do segmento sobre si mesmo;
   b) Evitando a sua estigmatização como «velhos»;
   c) Assumindo um papel social importante na mudança da forma como a sociedade encara a velhice, transmitindo imagens de pessoas atualizadas e que vivem em harmonia com as outras gerações;

3. Utilizar sempre a componente emocional no marketing e na comunicação em primeiro lugar para, a seguir, apresentar os argumentos racionais que a suportem;

4. Mais do que apenas listar argumentos racionais, utilizar a informação para conquistar: as marcas que se posicionarem como fontes de informação segura e credível serão as que vão conquistar o coração e os bolsos dos 45+;
5. Para além da comunicação e da informação, propiciar ao máximo as possibilidades de experiência da marca. Os 45+, pela sua maior experiência de vida e até sofisticação em muitos casos, valorizam a possibilidade de poderem ter a experiência daquilo que ponderam comprar, para assim tomarem uma decisão positiva baseada num processo de decisão verdadeiramente informado;
6. Utilizar as redes sociais e as tecnologias de comunicação e informação para envolver o segmento 45+. Os velhos de amanhã são as pessoas que hoje, com 45-55 anos, estão ativas e utilizam a Internet, o telemóvel e as redes sociais com total à vontade;
7. Nas campanhas e ações comunitárias e/ou de responsabilidade social, ter os 45+ como um dos alvos prioritários, quer pela sua identificação com o tema, quer pelo seu desejo e capacidade de apoiar tais ações, pela sua participação ativa e/ou pelo apoio financeiro;
8. Privilegiar ainda mais a qualidade, o conforto e a comodidade nos serviços e nas garantias – não como um «favor» pela sua idade mas sim como um reconhecimento da sua senioridade em todos os aspectos;
9. Na utilização de imagens na comunicação, evitar sempre que possível a utilização das imagens *cliché*:

    a) Que mostrem a figura do «bom velhinho» mas afastado de uma vida ativa e produtiva;
    b) Que mostrem os 45+ em situações de pouco à vontade e/ou embaraçosas nos contextos e ambientes tacitamente assumidos como «dos mais jovens»;
    c) Que não reflitam os biótipos predominantes na população portuguesa.

10. Não ter medo de apostar na inovação. Os 45 + são pessoas que a encaram como um desafio positivo e isso ajuda-os a manterem-se integrados na sociedade.

IV

CASE STUDIES

AS CIDADES AMIGAS DO IDOSO

O peso demográfico dos idosos sente-se cada vez mais nas cidades, sejam elas portuguesas ou não. Com base nessa sensibilidade, a Organização Mundial de Saúde lançou em 2005 as raízes daquilo que é hoje conhecido como a rede mundial das Cidades Amigas das Pessoas Idosas.

Com base num relatório editado em Portugal pela Fundação Calouste Gulbenkian, a OMS apresenta um conjunto de indicadores e uma lista de infra-estruturas que devem existir numa cidade que queira ser amiga da sua população mais velha.

Deste projeto destacam-se três aspectos interessantes: primeiro, que ao tornar-se uma cidade amiga do idoso, pelas características das suas infra-estruturas urbanas, esta cidade acabará por ser amiga de todos aqueles que possuem algum tipo de dificuldade em viver a cidade no seu dia-a-dia, sejam pessoas fisicamente debilitadas ou mesmo crianças.

O segundo aspecto tem a ver com a integração desta população na vida da cidade, o que irá promover um envelhecimento mais ativo, positivo e a maior relação dos idosos com pessoas de outras gerações, com benefícios para todos.

O terceiro aspecto está diretamente ligado ao papel que pode haver para as marcas. Tanto em termos de responsabilidade social, como na integração ativa em projetos urbanos, há aqui um espaço para as marcas não só fazerem negócio diretamente, pensando mais na indústria das tecnologias de informação e comunicação, como indiretamente, ao aperfeiçoarem a sua visibilidade, aumentando a ligação emocional das pessoas com a marca.

Hoje em dia são mais de 78 os municípios portugueses que aderiram a esta iniciativa. Espera-se que as marcas não fiquem de fora e participem ativamente, para benefício dos seus consumidores e também do seu próprio negócio. Porque não?

OS MEIOS DE COMUNICAÇÃO SOCIAL ESPECIALMENTE VOCACIONADOS PARA OS MAIS VELHOS

Nos últimos três anos apareceram no mercado nacional uma rádio dedicada à população mais velha, a Rádio Sim, um canal de televisão, o Super Sénior, e os seniores foram tema de capa de uma revista universitária, dado o número de pessoas com mais de 60 anos que voltaram a frequentar o ensino superior.

Super Sénior TV:

Para os portugueses de todo o mundo com mais de 50 anos, um canal presente tanto na Zon como na Meo, quer mostrar seniores portugueses que são ativos, tanto física como intelectualmente.

Uma iniciativa pioneira de Guilherme Leite, Luis Aleluia e Paco Bandeira, que teve início a 31 de Maio de 2010, tem vindo a lutar por mais espaço na grelha de programação. Mas será que o público português está preparado para um canal de televisão só para seniores, principalmente quando se pensa que os seniores começam aos 50 anos?

O conceito em si é inovador e plenamente válido, embora a maioria das marcas não se reveja neste posicionamento, o que dificultou a angariação de patrocinadores. Como disse anteriormente, chamar sénior a uma pessoa de 50 é um erro de marketing bastante relevante. Uma visão deste tipo leva a que seja necessário reposicionar o canal, subindo um pouco mais a faixa etária dos telespectadores.

Mas o que justifica usar o Super Sénior TV como caso de estudo é o facto de ser o primeiro canal de televisão feito por artistas mais velhos a pensar no futuro: no peso que a real população sénior terá em Portugal e na janela de oportunidade que se abre.

Rádio Sim:

Outro caso bastante conhecido é o da Rádio Sim, provavelmente o primeiro meio de comunicação dito tradicional a apostar no segmento dos adultos mais velhos.

Tal como o canal Super Sénior, também está na Internet com emissão em direto e no Facebook, onde descreve o seu posicionamento:

> «Direcionada aos adultos a partir dos 55 anos; Música até ao final da década de 70 com especial incidência na música Portuguesa; Programação de proximidade com um olhar atento a todo o País, valorizando a realidade local e regional; Equilíbrio entre a música e a palavra; Uma Rádio sem pressa; Informação rigorosa e independente; Passatempos; Notícias do desporto; Emissão nacional 24h/7 dias por semana em FM e AM e na internet em www.radiosim.pt. Conta com transmissões conjuntas com o canal Renascença (Informação, Desporto, Programas Religiosos, Etc.).»
>
> Fonte: http://www.facebook.com/radio.sim

Claramente uma rádio para pessoas de tendência saudosista, uma característica das pessoas mais velhas (pois com os anos vamos tendo prazer em reviver alguns bons momentos do nosso passado), com um *site* que visa estimular a criação de uma comunidade de ouvintes, a Rádio Sim foi a primeira rádio especialmente dedicada ao segmento sénior, embora tenha o mesmo vício de visão do mercado, ao associar os seniores a pessoas com 55 ou mais anos.

Conforme este segmento da sociedade (50-55 anos) for tendo mais expressão demográfica, é expectável que este tipo de equívoco deixe de ocorrer, porque a própria sociedade irá aperceber-se de que uma pessoa com 50 ou 55 anos está muito longe de se sentir sénior e denominá-la como tal acaba por funcionar mais como um fator de exclusão do que de inclusão deste potencial consumidor no leque de consumidores da marca.

Neste conjunto de casos de estudo dos meios de comunicação, deixamos um outro exemplo. Desta vez não um meio dedicado aos seniores, mas que de alguma forma lhes deu destaque pela positiva.

Numa das últimas edições do semanário gratuito *Mundo Universitário*, a imagem na capa foi a de um casal de seniores a beijar-se, e podia ler-se «assinale o dia europeu da disfunção sexual com um beijo».

Uma capa muito interessante por dois aspectos: primeiro porque coloca em destaque a sexualidade da população mais velha, procurando tratar o problema da disfunção sexual de forma positiva. E segundo lugar porque a direção desta publicação já se apercebeu do peso numérico que o segmento 60+ está a ter no mundo universitário, seja nas universidades tradicionais seja nas universidades da terceira idade. Fica aqui mais um exemplo de como os meios de comunicação social, às vezes mais do que as marcas, estão abertos a tratar o tema da senioridade, embora continuem a esquecer o segmento mais novo – dos 45 aos 55 –, onde se calcula que haja maior potencial de negócio para as marcas.

OS SENIORES NA INTERNET

Em Portugal, o número de utilizadores do Facebook rondava os 3 400 000 à data de 3 de Março de 2011. Destas, e segundo estatísticas oficiais daquela empresa, o número de homens é ligeiramente superior ao das mulheres mas, se olharmos para o próximo gráfico, o grupo dos 65+ é dos que têm maior presença nesta rede. Isto não quer dizer apenas que as redes sociais fazem sentido para estas pessoas, isto diz-nos que elas estão na *net*, que navegam, que têm os seus *sites* de interesse e que aqueles que tiveram de aprender a lidar com a Internet por volta do início do ano 2000 usam este meio de comunicação praticamente como nós, que manipulamos esta tecnologia desde que surgiu.

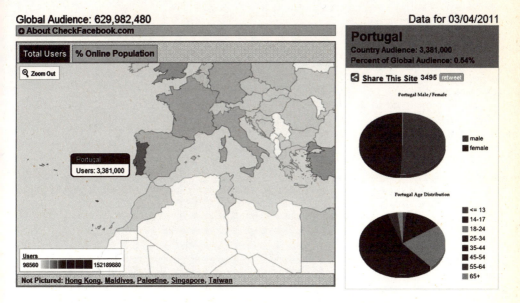

Fonte: http://www.checkfacebook.com/ (4 de Março de 2011)

Em 1999 surge o Portal TIO (http://projectotio.net), um projeto para a Terceira Idade Online que se mantém ativo até hoje. Em Novembro de 2008 surge o Portal Idade Maior (http://idademaior.sapo.pt/). Ambos se dedicam ao segmento 50+.

O *site* Terceira Idade Online visa fundamentalmente promover o envelhecimento ativo, convidando o utilizador a fazer parte da sua rede, a estar informado sobre as principais áreas da vida de uma pessoa e sobre as que estão diretamente ligadas à população mais idosa, como o empreendedorismo sénior.

Já o portal Idade Maior, atualmente ligado à Sapo, tem um posicionamento distinto, assumindo-se claramente como o braço direito da população 50+, embora alguns dos seus conteúdos sejam mais indicados para quem tem 60 ou mais anos.

Com o intuito de criar uma comunidade, o Idade Maior procura que os utilizadores partilhem histórias das suas vidas entre si, que criem momentos de vida juntos, de modo a que a comunidade não seja somente virtual, mas também real (*off-line*).

V

CONCLUSÃO

Um livro sobre modelos de negócio e sobre como os modelos de negócio das empresas tinham evoluído ao longo das décadas e quais tinham sido os principais motores dessa evolução despertou-nos para uma das conclusões a que os autores chegavam. Relacionava-se com o poder que, hoje, os consumidores têm ou devem ter dentro do ativo de uma empresa face aos *shareholders*. Isto reforça a ideia de que, cada vez mais, o ativo de uma empresa se centra no seu cliente, naquele que compra e consome os seus produtos e/ou serviços.

Se hoje em dia nos Estados Unidos o mercado sénior é um mercado estabelecido, aqui ainda fazemos muita confusão entre adultos maduros e seniores e a prova está em quase todos os casos de estudo apresentados. Quase todos, se não todos, eram dedicados aos seniores e incluíam os 50 ou 55+ como seu público-alvo, partindo do princípio que este é um grupo homogéneo, com os mesmos interesses e motivações.

Dick Stroud, no seu livro *50 Plus Market*, cujo subtítulo é *why the future is AGE NEUTRAL when it comes to marketing and brand strategies* [4] chama exatamente a atenção para os dois pontos considerados fulcrais neste livro: primeiro, que não se pode olhar para o segmento 50+ como uma unidade, ignorando todos os matizes nele contidos, sob pena de falhar o alvo, de não atingir o coração do consumidor errando a mira da satisfação das suas necessidades e motivações, desconhecendo as suas atitudes.

---

[4] Por que motivo o futuro não olha a idades no que respeita ao marketing e às estratégias de marketing.

Segundo, que o peso da demografia não pode continuar a ser ignorado, a menos que as marcas não queiram fazer negócio com o segmento 45+. A população está a envelhecer e nós, *marketeers*, somos obrigados a olhar para esta realidade e a perceber, em conjunto com os gestores, CEO e demais responsáveis, de que forma a nossa marca pode enquadrar-se neste novo paradigma populacional.

Um olhar com base no desconhecido ou em estereótipos e uma segmentação com base no fator idade já não se adequam à realidade que vivemos. Se o momento é de crise, pragmatismo, contenção de custos, é também de oportunidade para ver o que há de novo à nossa volta, onde está o nicho subaproveitado e de que forma a nossa marca o pode conquistar.

Esperamos que este livro, em toda a sua generalidade, sirva o seu objectivo, que é o de despertar consciências, sensibilizar para a importância do segmento 45+ e para a oportunidade de negócio que ele representa, bem como para a necessidade de investir em estudos que permitam conhecer a fundo toda a sua heterogeneidade e perceber onde estão as oportunidades de negócio.

Bibliografia

AA. VV. (2009). *Guia Global das cidades amigas das pessoas idosas*. Lisboa, Fundação Calouste Gulbenkian

AA. VV., INSTITUTO NACIONAL DE ESTATÍSTICA (2010) – *Homens e Mulheres em Portugal*. Lisboa: Instituto Nacional de Estatística.

AAMODT, S., WANG, S. (2009). *Cérebro – Manual do Utilizador*. 1.ª ed. Lisboa: Editora Pergaminho.

CATHERINE ROCHE, PATRICK DUCASSE, CAROL LIAO, CLIFF GREVLER (2010). *A New world order of Consumption – consumers in a turbulent recovery*. E.U.A.: The Boston Consulting Group

COUGHLIN, J. (2007). «Disruptive Demographics, Design, and the Future of Everyday Environments», *Design Management Review*, pp. 53-59.

DAVIS, M. (2002). *The New Culture of Desire – 5 radical strategies that will change your business and your life*. EUA: The Free Press.

DELOITTE (2011). *Consumer 2020 – reading the signs*. Reino Unido: Deloitte Global Services Limited.

DICK STROUD STROUD (2008). *The 50+ Market – why the future is age neutral when it comes to marketing and brands*. 7.ª ed. EUA: Kogan Page Limited.

GILMORE, James H. e B. JOSEPH PINE II (2010). Lisboa. *Autenticidade, o que realmente querem os consumidores*. Lisboa: Actual Editora.

GLOOR, P. & COOPER, S. (2007). *Coolhunting – Chasing down the next big thing*. E.U.A.: Amacon.

INSTITUTO NACIONAL DE ESTATÍSTICA (2009). *Projecções da População Residente em Portugal 2008-2060*.

LINDSTROM, M. (2009). *Buy.Ology – The truth and lies about why we buy*. 1.ª ed. Lisboa: Gestãoplus Edições.

LUÍS RASQUILHA (2011). *Tendências e Gestão da Inovação*. 1.ª ed. Lisboa: Dashöfer Holding Ltd e Verlag Dashöfer

MARIA JOÃO VALENTE ROSA e PAULO CHITAS (2011). *Portugal: os números*. Lisboa: Fundação Francisco Manuel dos Santos.

NAZARETH, J. Manuel (2009). *Crescer e envelhecer em Portugal – constrangimentos e oportunidades do envelhecimento demográfico*. Lisboa:, Editorial Presença.

SYNOVATE RESEARCH REINVENTED & DELOITTE PORTUGAL (2009). *Os Novos Seniores – A Geração NS – um olhar sobre o segmento sénior em Portugal*.

WOLF, D. & SNYDER R. (2003). *Ageless Marketing – Strategies for Reaching the Hearts and Minds of the New Consumer, Dearborn*. EUA: Trade Publishing.

Outros documentos

Science of the Time & Ayr Consulting Trends & Innovation (2010). *Sane Recession em Portugal – Insights sobre como o consumidor está a viver a recessão*

Science of the Time & Ayr Consulting Trends and Innovation (2010). *World Trend Report 2010-2011*

Fontes electrónicas

Bray, H. (2009). *Boston.com At MIT's AgeLab growing old is the new frontier – Researchers seek to understand the needs of the aging*. URL: http://www.boston.com/business/technology/articles/2009/03/23/at_mits_agelab_growing_old_is_the_new_frontier/?page=full (acedido em 06/06/2010)

Coughlin, J. (2010). *Personalization: The New Language of Design for Older Consumers*. URL: http://www.disruptivedemographics.com/2010/

04/personalization-new-language-of-design.html (acedido em 07/06/2010)

COUGHLIN, J. (2010). *Disruptive Demographics in the Workplace: New Strategies for an Aging Workforce*. URL: http://www.disruptivedemographics.com/2010/03/disruptive-demographics-in-workplace_06.html (acedido em 06/06/2010)

COUGHLIN, J. (2010). *China's Gray Revolution: Why China May Invent the New Business of Aging*. URL: http://www.disruptivedemographics.com/2010/02/chinas-gray-revolution-why-china-may_21.html (acedido em 01/06/2010)

COUGHLIN, J. (2010). *Growing Up Together: Walmart, Baby Boomer Lifestyles & Future Innovations in Retail*. URL: http://www.disruptivedemographics.com/2010/02/growing-up-together-walmart-baby-boomer.html (acedido em 29/05/2010)

COUGHLIN, J. (2010). *Baby Boomers & Aging-in-Place: Business Opportunities for Home Services, Insurers & Communications Providers*. URL: http://www.disruptivedemographics.com/2010/02/aging-baby-boomers-aging-in-place.html (acedido em 29/05/2010)

COUGHLIN, J. (2010). *Blended Futures of Aging & Business Innovation*. URL: http://www.disruptivedemographics.com/2010/02/blended-futures-of-aging-business.html (acedido em 30/05/2010)

ASSOCIAÇÃO DOS AMIGOS DA GRANDE IDADE – http://www.associacaoamigosdagrandeidade.com/cidades-amigas-dos-idosos/ (acedido em 04/03/2011)

CANAL SUPER SENIORES http://superseniores.com/index.php (acedido em 04/03/2011)

PÁGINA DA RÁDIO SIM NO FACEBOOK http://www.facebook.com/radio.sim (acedido em 04/03/2011)

UNITED NATIONS POPULATION DIVISION (2005). *Europe: Population by Age and Sex, 1950 – 2050; Proportion of Elderly, Working Age Population, and Children*. URL: http://www.china-europe-usa.com/level_4_data/hum/011_7b.htm (acedido em 08/06/2010).

ÍNDICE

Nota dos Autores	7
Agradecimentos	11
Prefácio	13
Introdução	17
I. Tendências e Inovação	21
II. O Segmento 45+	41
III. O Marketing para os 45+	71
IV. *Case studies*	101
V. Conclusão: fazer negócio com o segmento 45+	109
Bibliografia	113